活用理财金三角

方士维 著

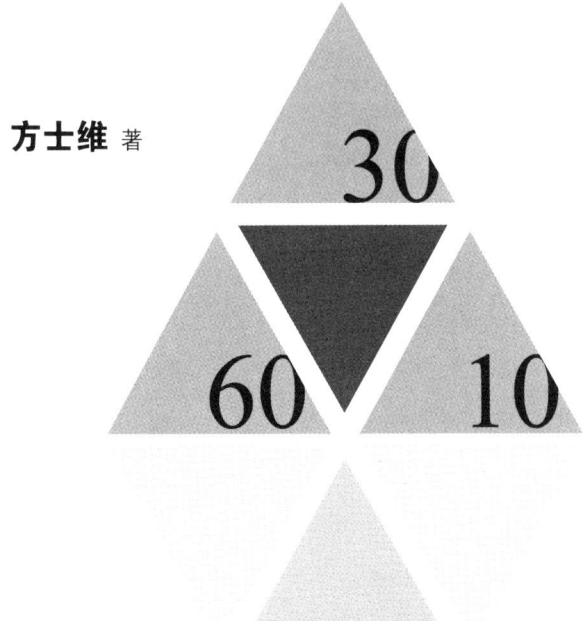

中信出版集团 | 北京

图书在版编目（CIP）数据

活用理财金三角 / 方士维著. --北京：中信出版
社，2020.3
ISBN 978-7-5217-1211-7

Ⅰ. ①活… Ⅱ. ①方… Ⅲ. ①投资–基本知识 Ⅳ.
①F830.59

中国版本图书馆 CIP 数据核字（2019）第 247814 号

《活用理财金三角》
方士维　著
中文简体字版©2020 年由中信出版集团股份有限公司发行
本书经城邦文化事业股份有限公司商周出版事业部授权，同意经四川一览文化
传播广告有限公司代理，由中信出版集团股份有限公司出版中文简体字版本。非经
书面同意，不得以任何形式任意重制、转载
本书仅限中国大陆地区发行销售

活用理财金三角

著　者：方士维
出版发行：中信出版集团股份有限公司
　　　　　（北京市朝阳区惠新东街甲 4 号富盛大厦 2 座　邮编　100029）
承　印　者：北京盛通印刷股份有限公司

开　　本：787mm×1092mm　1/32　　印　张：7.75　字　数：99 千字
版　　次：2020 年 3 月第 1 版　　印　次：2020 年 3 月第 1 次印刷
广告经营许可证：京朝工商广字第 8087 号
书　　号：ISBN 978-7-5217-1211-7
定　　价：39.00 元

目录

PART 1 理财概念篇

PART 2　理财操作配置篇

PART 1

理财概念篇

第 **1** 章

理财基本概念与理财金三角

1-1 理财以记账为起点

不少理财讲座与财经专家都提到"理财以记账为起点",这句话确实是切中要点。

一生能积累多少财富,并不在于你赚多少钱,而是取决于你如何理财。俗话说:"人两脚,钱四脚。"四只脚跑得比两只脚快,两只脚的人自然追不到四只脚的钱!既然钱跑得比人快,想要了解钱到底都流向何方,记账,绝对是理财的第一步。

▶ 睡前 10 分钟,找出消费盲点

仔细回想一下,你知道自己昨天花了多少钱吗?上个月的生活费支出是多少?与去年同期相比,今年生活费支出究竟是增加还是减少呢?在衣、食、住、行、育、乐等各项费用中,何者占生活费支出的最大比例呢?生活费总支出占每月收入的多少比重呢?想要知道这些答案,都必须从记账开始。

常有人不禁纳闷，为什么每天记账，还是不知道自己的钱花到哪里去了？为什么感觉每天都过着很节省的生活，几年下来还是存不下钱？原来这些人的问题都出在"记账"记错了！

例如，有些年轻人明明记了账，但对于支出、投资等数目都是"凭感觉"。"凭感觉"统计今天花了多少钱，"凭感觉"每个月花费不超过 2 万元，"凭感觉"每个月应该要存下 1 万元，"凭感觉"工作到现在可能存了 30 万元。老是"凭感觉"花钱及记账，难以养成储蓄的好习惯。事实上，理财应更理性一点，把每一笔数字都精算出来。

另外，有些人记账的盲点在于仔细记下每天的小额花费，但对于大笔支出，包括年度旅游、保费、借钱给别人或给父母的孝敬养老钱等，因为不常发生，即使记下来也没放在心上。结果是，往往会觉得自己平常都省吃俭用，一年下来却没存下钱，或是存下来的钱比想象中的少。

还有人会认为，何必每天记账那么麻烦呢？反正赚多少就花多少，剩下的钱再存起来就好，相信这应该是大多数人的心声。老实说，这样的想法并没有所谓的对或错。但若能通过记账，做好个人的财务管理，进而积累人生的第一桶金，是否会让你心动，想要马上就开始记账呢？

如果嫌每天记账琐碎又麻烦，其实只要记录衣、食、住、行、育、乐等费用即可，或是支出项目可依个人消费习惯而制定。比方说，在支出项目中可增列"杂项费用"，凡是单笔消费金额低于 1 000 元，如一本杂志 20 元，就可列入杂项费用。

若能养成记账的好习惯，经年累月熟能生巧后，记账时间往往不超过 10 分钟。因此，只要在每晚睡前花上大约 10 分钟，就能轻松记好账，找出个人平时消费的盲点。

▶ 记账好处多，收支一目了然

事实上，个人的记账本就如同一家公司的财务报表。经营企业需要编制财务报表，详列每月的营收和支出，一是为了向投资者报告公司营运状况，二是可以追踪每月、每季、每年的营运绩效。

石油大亨洛克菲勒（John D. Rockefeller）从小就被父亲要求记账。工作后，他花了 1 美元买了一个红色小本子，每天详细记下自己每一笔收入与开支。迄今，洛克菲勒是全球第一位资产超过 10 亿美元的超级富豪。即使富可敌国，他仍要求子女从小记账，俨然成为世代相传家风。

究竟记账有何好处？不妨从以下两个方面来思考。

记账有助于了解收入与日常生活支出的来源与类别

通过记账，可以确切了解收支详情，得知每月收入来源与日常生活支出概况，进而分析各项支出占总支出及收入的比重，甚至对于占比过高或异常的项目可以进行适当的调整。

举例来说，在当月生活总支出中，一旦发现饮食项目占比过高，将近 30%，与上个月相比甚至大幅增加 10%，即可进一步分析饮食费用支出异常的原因，例如三餐总是在外、奶茶等饮料喝太多、食物价格上涨等，然后再加以调整。因此，记账不只是收支的纸上记录，通过检视账本，更能清楚掌握个人的消费习性与支出流向，并对自己浪费金钱的盲点加以矫正，以达到节流的目的。

记账能使支出习惯与预算编制更有效果

畅销书《富爸爸穷爸爸》中提到，将储蓄与投资当作支出，并有纪律地执行下去，未来才有机会积累第一桶金。换句话说，拿到工资时，应先将预计储蓄、投资的钱扣下，"支付"到个人的储蓄、投资账户，剩下的钱才可以自由运用。如此一来，每月开销就不容易透支了。

这种概念又称为富人存钱公式：

$$收入-（储蓄＋投资）=支出$$

当你先针对每月储蓄、投资的金额编制好预算，然后管控每月日常生活费用，就能使自己及家庭的支出习惯与预算编制更有效率，并符合现状。

▶ 善用工具，简化记账流程

虽然记账有许多好处，但对很多人来说，每天记账总是知易行难。即使心血来潮记了几天账，很快又放弃，徒留大半本空白的记账本。正因为记账如此烦琐，所以必须尽可能简化步骤。科技时代，不少人用计算机的电子表格（Excel）取代手写记账，甚至智能手机和平板电脑有各种免费的记账软件（App）供下载，使记账更方便且轻松。

运用电子表格记账，不仅账目清楚，且容易统计收支。只要每日填入收支明细后，月底时电子表格会自动根据类别加总，可绘制成饼状图。这样一来，钱的流向与最大的花费一目了然。

习惯使用信用卡消费的人可考虑信用卡记账法，利用银行每月寄送的信用卡账单对账，还能分析一年的刷卡消费情形。

人手一部智能手机与平板电脑的时代，各种简易上手的记账软件大幅提升了记账的便利性。只要下载记账软件，根据个人实际状况设定各项生活开支，比如饮食、交通、租房、治装、娱乐等项目；

一有支出，随时随地马上输入花费，即可直接在手机或平板电脑上加减，让记账工作更省事。表1-1列出了简易记账方法，表1-2所示为常见记账工具。

通过上述工具，我们可将记账变成每天的生活习惯。想要迈出理财的第一步，就从记账开始，马上行动，永远不嫌晚。当你发现自己能控制每月开销时，就会越来越有成就感，也更有存钱的动力！

表1-1 简易记账方法

方法	适用对象	执行方式
信封记账法	适合固定支出多，又容易过度集中某项花费的人	先准备4~5个信封，依个人需求分配不同支出类别，如房租、水电费、交通费、生活费、紧急备用金等。发工资时，按用途分配预算，使用时再依照信封类别提取，等到月底再把所有信封的余额集中成存款。除了日常生活支出外，投资自己的支出也很重要
信用卡记账法	适合习惯使用信用卡的人	通过每笔信用卡账单来记账，既能掌握支出项目，又能学习有效使用信用卡

表1-2　常见记账工具

工具	优点
电子表格	电子表格具有自动求和功能，并可绘成饼状图，更能达到记账的效果
App	通过手机下载的 App 记账，更方便、实时，如 CWMoney 是我目前习惯使用的记账工具
网站	有些网站也提供记账相关事宜，例如 Moneybook（www.moneybook.com.tw）除了记账功能外，还能整合个人金融账户、提醒信用卡还款

理财小叮咛

想要发挥记账的功效，有些小技巧值得注意：

- 适当分类，可分成衣、食、住、行、育、乐等大项。

- 常用的支出应翔实记录，方便日后回顾比对。

- 特别支出最好要额外标示，以免金钱在无形中流失而不自知。

- 按年、月、日整理归档，并定期检视。

- 最后一点，也是最重要的，那就是每天都要记账。

1-2 理财要先理债

　　债务是人生中极难堪且沉重的负担。如何避免负债，以及一旦负债后如何学习理债、清偿债务，是想要达到财务自由之前所必学的理财课题。

　　约翰·傅尔曼（John Fuhrman）在《快乐偿债，富裕常在》一书中分享了自己按部就班偿还债务的方法，从这个书名就可以发现人一生中管理债务的重要性。债务管理得好，就能让富贵常伴左右；反之，如果陷入信用卡债务（简称卡债）之类的深渊中，那样的人生将会是黑暗的了。

▶ 认清好债与坏债

　　欠债其实不见得都是坏事。一般而言，债务可分为好债与坏债。在《富爸爸穷爸爸》一书中，富爸爸曾说："好债，让你有现金流收入，还能抵税；坏债，让你掉下财务悬崖。"

也就是说，好债不仅能带来直接收益或未来收益，更有助于还清该笔债务。坏债则是无法创造现金流，还必须支付金钱给他人，甚至可能因财务管理不当，使自己的生活陷入泥沼之中。

该如何分辨好债与坏债？最简单的方法是，当你即将欠下一笔债务时，请先扪心自问："未来，这笔债务能为我带来收益吗？"

举例来说，"投资负债"与"自用负债"都是属于好的债务。"投资负债"是为了投资而产生的负债，例如贷款买房做房东，利用租客支付的租金，来清偿每个月的借款利息，而且还有剩余。"自用负债"则是为了负担自用资产而产生的负债，比如购房自住，尽管现阶段要缴交贷款，但用20年或30年的房贷，换到温暖的窝；或是这笔自用资产在将来出售时增值，不但可付清债务，还有机会创造收益。

因此，好的债务能使人致富，增加个人资产。几年前，台湾房地产景气房价处于高位，尤其是台北市房价大幅上涨。面对台湾目前低利率的环境，在房贷支出不逾家庭所得1/3的前提下，可把房贷视为良性负债，每月缴房贷就像存钱一样，如果未来房子增值，也可以使个人资产增加，一举数得。

相对地，"消费负债"是为了满足享乐需求所产生的债务，通常是坏的债务，特别是因无法控制个人欲望，或未留意收入与支出的流量而背负卡债。若"消费负债"占个人或家庭总负债比重过高，则表示消费较不节制，容易导致收支失衡，建议应改变消费习惯，并尽快还清卡债，以免债台高筑。

▶ **复利能载舟，亦能覆舟**

债务的可怕之处，在于具有"复利"的威力。凡有投资理财经验的人，对复利应不陌生。所谓复利，就是将每次的获利与本金再继续投资下去，如此以利滚利，时间越久，每次利上加利的效果越大。

在复利的效应下，你的资金多久能增长一倍呢？若根据"72 法则"来概算（详见 1-3 节），假设投资回报率为 6%，那么此笔资金约 12 年可增长一倍（72÷6=12）。由此看来，复利与时间宛如财富增值的神奇魔力。可是，若将复利和时间应用在债务上，恐怕会令债务如滚雪球般越滚越大，最后一发不可收拾。

依现行台湾地区有关规定，信用卡、借记卡等各项约定利率上限是 20%，卡债族即使缴了最低应缴金额，但依据"72 法则"，卡债每 3.6 年就会倍增（72÷20=3.6）。即使在银行管理相关规定修正后，自 2015 年 9 月 1 日起，银行办理信用卡、借记卡的循环利率不得超过 15%，但债务仍会每 4.8 年就翻一番（72÷15=4.8）。试想，债务陷入滚雪球般的恶性循环，实在令人感到很可怕。我们有时会看到有人因受不了庞大的债务压力而自杀等的悲剧消息，更凸显了理财前先理债的重要性。

因此，在积欠债务之前，应先了解到一点：与存款有利息收入一样，负债也是需要支付利息，而利率将左右利息的高低。一般信用卡循环利率介于 12%～15%，但目前银行活期存款利率皆不到 0.5%，1 年期定期存款固定利率也不到 1.3%，完全追不上循环利息。如果不先理债，甚至还不停以卡养卡，可能会从欠十几万变成欠上百万，最后越来越难翻身。

试想，如果背负循环利率 14%～15% 的卡债，即使是投资高手也难以翻转成功，因为这代表一年投资回报率必须达到 14%～15%才能支付债务的利息。但目前各种投资工具中，一年投资回报率有可能达到这么高的比率吗？以机构投资者的标准，包括学校及退休基金，中长期的年回报率能达到 8%～10%，已可称得上是投资高手。

根据我的经验，客户对于投资回报率，常存有一种认识误区：台股每日涨幅上限 10%，所以一年投资回报率达到 8%～10%应该是轻而易举。但中长期投资通常是指 5 年以上，能保证每年都可以如此稳健获利吗？

此外，每个人对于保守型、稳健型与积极型投资的认知不尽相同。以我与客户互动曾实际发生的情况为例，对方自认为是保守、稳健型投资者，向我寻求投资组合的建议。我问对方："你期待一年投资回报率约多少？"对方却答道："15%。"这样的期待值，算得上是保守、稳健吗？

至于如何衡量保守型、稳健型及积极型投资，通常是以 1 年期定存利率为标准。以台湾银行目前 1 年

期定期存款固定利率 1.07%为标准，如果期望回报率
与定存利率相同，则属于保守型投资者。

须注意的是，名义利率=实际利率+通货膨胀率。如
果名义利率小于通货膨胀率，就会产生实际负利率的情
形，所以打败通货膨胀率也很重要。假如一年回报率比
定存利率高 2～4 个百分点，属于稳健型投资者；如果
比定存利率高 5～7 个百分点，则属于积极型投资者。
中长期（通常是 5 年以上）回报率若能每年稳健获利
10%以上，在机构投资者眼中，堪称高手级人物。

▶ 面对债务，制订还款计划

理债的第一步，必须先把手上的债务区分为两大
类：一是长期、有担保品的贷款，如房贷、车贷等，
可视为每月固定支出；二是利率相对偏高的短期贷款，
如信贷或卡债。在管理债务时，应尽量优先偿还短期
借款，避免持续过度消费，同时寻求债务解决之道。

方法一：检视收支情况

中性推荐。初期效果有限，但长期有益于节制消

费及控制支出。在还款计划上，建议写下达成目标的方式，并设定每个月固定支出上限，试着使实际消费金额低于原先预定金额。值得提醒的是，应保留一些紧急备用金，以免还款计划受到紧急事件影响。

方法二：债务整合

中性推荐。这是将信用卡、借记卡、信贷等债务全部整合到某一家银行或金融机构集中缴款，以便于管理债务，但须注意整合后是否会增加利息及整合相关费用。

方法三：银行协商

不建议采用。这是当债务人还不出钱时，与债务最高的债权银行进行前置协商，沟通还款事宜。在金融机构受理后，会依据债务人个别的还款能力，与债务人协商适合的清偿方案，以协助解决困境。可是，申请前置协商、更改或清算后，会留下不良信用记录，建议除非真的无法清偿债务，才考虑这种债务解决之道。

制订还款计划时，应先了解目前的收入，列出所有的债务金额及利率，再来设定还款目标，并定期追踪管理。最重要的是，付诸行动，解决问题。唯有把负债归零，才能赢在理财的起跑线上。

1-3 理财金三角与"72法则"在生活中的运用

人人都想有钱，实现提早退休或财务自由的梦想。投资市场的商品有成千上万种，该如何选对目标，让自己投入的资金翻倍？此时最重要的莫过于投资工具的回报率。但一般投资新手对于投资回报率1%、2%、5%等数字，可能只知道数值越大越好，实际上却不知道该如何操作。

其实，在贸然进入市场之前，不妨先了解一下流量、存量、理财金三角以及"72法则"等基本概念，对自己的资产规划与理财生活将更加有保障。

▶ 生活支出重流量，积累财富重存量

在日常生活中，流量与存量是很重要的理财概念。从资产配置及投资角度而言，生活支出重流量，积累财富重存量，其中又以流量管理为关键。

流量和存量如何区分？简单来说，流量是分段动态概念，存量则是累积静态概念。流量与存量的关系，就像是河流与湖泊，两者互为因果，必须调控得当，才能享有财务安全感。

流量有进有出，流入的钱可能有每月薪资所得、员工分红、年终奖金、投资收益、租金收入或投资事业收入等；流出的钱可能有房贷或房租、日常生活费、个人教育费、子女教养费、保险费、汽车维修、旅游、投资损失、税务支出或退休金缴存等。若把年终奖金存起来或转而投资，则可称之为存量。

现金流量的管理是理财规划中非常重要的一环。所谓现金流量管理，也就是掌握收支流向，进而稳定流量。一般来说，流量大小可通过开源或节流来调节。但如果流量每月忽大忽小甚至中断，则表示家庭现金流向不稳定，必须用记账来解决。毕竟，现金流量要

稳定，才有财可以理。至于现金存量管理，则指如何精打细算，彻底发挥每一分钱的最大效用。

如何拿捏流量与存量之间的平衡点，也是一门学问。以 30～50 岁的普通人为例，购房自住是人生规划中的重大计划。首付款部分，无论是两成或三成皆属于存量概念，每月房贷（含本金与利息）还款则被视为流量。基本上，每月房贷支出应不超过每月现金流量的 1/3，最多不可逾四成。但现在不少人的房贷支出占现金流量竟高达六成。虽然房贷可称为良性负债，可是如果占每月现金流量的六成，将使生活质量大打折扣，甚至沦为房奴，恐非大家所乐见与追求。

不少人耳熟能详的《富爸爸穷爸爸》一书中，也提到重要的理财观念：

收入－储蓄－投资－支出=紧急备用金

换句话说，须将储蓄及投资当作一种固定支出，未来才有机会积累一桶金。《自动千万富翁》（*The Automatic Millionaire, Expanded and Updated*）作者大卫·巴赫（David Bach）也认为，把储蓄视为固定支出，才能如滴水穿石般积累财富。因此，应养成固定储蓄和投资的习惯，以取代"收入−支出=储蓄"的传统观念。

▶ 运用理财金三角，做好人生规划

针对年收入的财务规划，不妨思考一下"理财金三角"的概念。所谓"理财金三角"，指一般生活开销占年收入的 60%，储蓄和投资理财占 30%，风险管理占 10%。换句话说，每年保留至少四成收入，作为投资理财与保险规划，才能帮助自己及家人逐步创造安稳的财富人生。

在"理财金三角"中，所主张"60%、30%、10%的财务分配比例"，源自美国经济学家所发表"6、3、1 的年收入分配比例"，如图 1–1 所示。

日常生活支出，包括个人及家庭的衣、食、住、行、育、乐、税金等各项生活费用的加总，应尽量控制在目前年收入的 60%左右。如此才有富余空间规划其他的理财目标，并逐渐积累财富及退休金。

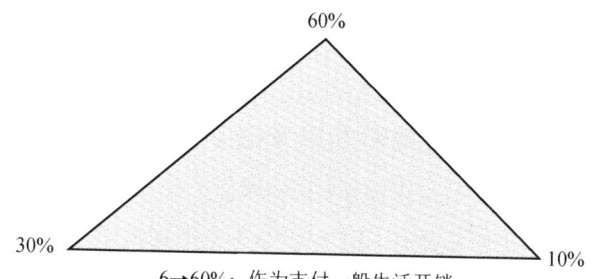

6→60%：作为支付一般生活开销
3→30%：作为储蓄性的投资理财
1→10%：作为保障性的风险管理

图1-1 理财金三角=年收入分配比例

除了加强赚钱能力，以应对现在及老后生活，如何通过有效的投资理财规划加速退休养老计划成形，也是当下每个人不可忽视的一环。按"理财金三角"的建议，每年应提取目前年收入的30%，依短期（3～5年）、中期（5～10年）、长期（10年以上）来设定理财目标。

此外，每年还必须提取年收入的10%，作为短、中、长期风险管理的费用。不论是个人或家庭成员，风险管理至关重要，不仅可提供自己及家人在生活上的实际保障，也能确保辛苦积累的资产不至于因发生

变故，而使收入来源中断，甚至蒙受财务损失。

▶ 72 法则：神奇的魔术数字

至于储蓄与投资理财，爱因斯坦曾说："复利的威力远大于原子弹。"很多报纸杂志也经常提到，无论是在投资理财还是职涯规划上，年轻人的最大优势在于"时间"。

时间具有价值。最简单也最常被用来表达时间的复利价值的，就是"72 法则"。这是一个简单的数学公式，只要以 72 为分子，投资回报率为分母，意即用"72"除以"投资回报率"，即可计算出投入的资金翻一番所需的年数。

换句话说，所谓"72 法则"，隐含了复利增值的概念。在日常生活中，"72 法则"主要可运用于投资回报率、债务利率、通货膨胀率及退休金规划等四大方面。先来看投资方面，姑且不论投入的本金是多少，如果每年投资回报率 3%，24 年（72÷3）后，本金可翻一番。如果利用年回报率 8% 的投资工具，经过 9 年（72÷8）后，本金就翻一番。选择年回报率 12%

的投资品，只要 6 年（72÷12），即可让本金翻一番。假如年回报率为 15%，那么本金翻倍时间又可缩短为 4.8 年（72÷15）。依此类推，可以得知选择投资回报率越高的产品，资金翻倍所需的时间越短，财富累积速度也就越快。

不过，水能载舟，亦能覆舟。如果把投资回报率换成信用卡循环利率，债务恐将如滚雪球般越滚越大，甚至循环利率越高，负债翻倍速度越快。以现在银行各项信用卡、借记卡循环利率不得超过 15% 来看，只要 4.8 年债务就会翻倍，实在高得吓人！

通货膨胀也是如此。假设每年通胀率为 2%，36 年（72÷2）后物价水平上涨一倍；若通胀率 3%，约 24 年的时间，物价就会上涨一倍。退休金方面，假设你现年 35 岁，预计 60 岁退休，而且希望到时每个月能领到 5 万元退休金，在通胀率 2% 的情况下，现在每个月应该存多少钱呢？

若利用"72 法则"来估算，72÷2，代表目前所认知的 5 万元，经过 36 年后，将翻倍为 10 万元。因此，如图 1-2 所示，当前在做退休金规划的时候，应选择能抵抗通货膨胀的投资工具，以免辛苦累积的退休金被通胀提早"吃"掉。

图 1-2　通货膨胀可怕的威力

尽管"72 法则"只是一种速算财富倍增的方法，不甚精准，也没有考虑投资市场所隐含的投资风险，却可以帮助我们了解不同的投资回报率在经过复利滚动之后所产生的不同效果，进而挑选适合投资的工具，以达到个人设定的理财目标。

对于初入社会的年轻人来说，年轻就是最大的本钱。如果能在日常生活中运用"理财金三角"与"72 法则"的概念，妥善管理现金流量，将能使自己的财务更为健全，再加上善用时间的复利效果，更能提高积累财富的速度。

第 **2** 章

风险与回报的关系

2-1 投机、投资与理财的区别

许多人进入资本市场，脑海中浮现的第一个念头就是："想要靠投资致富。"靠投资致富的方法有上百种，但不少投资者虽然心中想着要投资，行为上却充满浓厚的投机意味，常用短期趋势预测来试图赚取高额回报。

其实，这样的情况并不难理解，因为大多数人都希望能快速致富。也无怪乎有些媒体报道普通人理财致富的传奇故事，总是吸引人想要跃跃欲试，希望自己就是下一个靠投资成功致富的人。

可是，如果每个人都能轻易靠投资致富，那么谁还需要每天奔波上班、辛苦工作呢？

▶ 投机、投资与理财的区别

论及投机、投资与理财，这三个字眼看似意义相近。

但事实上，不论是从心态或行为的角度来看，投机、投资及理财都是有所差异的。究竟该如何分辨？

- 投机：希望在短期内获得高额回报，例如赚取时机财、炒股票抢短线或只听消息面。由于未经过事先研究与分析，加上没有仔细考虑风险，因此一旦看错趋势，这种短线押宝的行为很可能带来巨额亏损。虽然投机并非违法行为，但一不小心，很可能损失全部本金。

- 投资：在一段期间内获取相对合理的回报，可分为短、中、长期投资。通过完善的财务研究与分析，并设定合理的期望回报和目标，再将资金投入预期未来可带来收益的投资目标上。

- 理财：通常指在未来某一个时间点需要用钱时，正好能有一笔钱可以派上用场，像是子女教育金、出国旅游金、退休金等。理财的目的并非为了追求最大的绝对回报，而是希望将来哪天遇到风险发生时能有钱可用。举例来说，人人都期望退休后，每个月能有一笔固定的现金收入，这就必须趁年轻时通过资产配置，才能达成理财目标。

投机、投资及理财的区别归纳如表2-1所示。

除了储蓄目的外，理财还包含风险规划与移转、财富传承等，因此，需要有效运用适当的投资工具，以完成阶段性目标。

表2-1　投机、投资及理财大不相同

	投机	投资	理财
时间	短期	可分为短、中、长期投资	未来某一个时间点需要用钱时，正好有钱可用
期望回报	高额回报	相对合理回报	相对合理回报
操作策略	未事先研究与分析，只做短线预测趋势或只听消息面	经事先研究与分析，并设定合理的期望回报与目标，再选择投资工具	通过资产配置，有效运用适当的投资工具，以达成理财目标

▶ 建立正确的投资观念与态度

尽管大家都想投资致富，但也有不少人是财越理越少。其中的原因除了是资本市场存在信息不对称而造成获利差异之外，更重要的是，未能建立正确的投资理财观念与态度。

首先，应谨记股神沃伦·巴菲特（Warren Buffett）的经典名言：投资的第一法则，就是永远不要亏损；第二法则，是永远不要忘记第一法则。这句至理名言凸显了风险与回报是一体两面，只有学会辨识投资风险、不做赔本生意，才有可能投资获利。

举例来说，2013—2016 年大行其道的"目标可赎回远期合约"（Target Redemption Forward，简写为TRF），不仅造成许多投资者损失惨重，就连银行也因销售不当而必须承担违约责任，导致双输局面。

事实上，TRF 为汇率选择权的衍生性金融产品，原本是用来当作汇率避险的工具。然而，台湾金融机构高层只求销售 TRF 的高获利，许多基层金融从业人员本身也不清楚 TRF 的风险所在，加上投资者不了解TRF 是赚钱有上限、赔钱无上限、不能随时出场的衍生性金融产品，结果，当原本看好的货币出现大幅贬值，就使得投资者亏损连连，其中不乏经营良好的中小企业主。

仔细探究这些中小企业主沦陷的原因，除了部分是银行人员不当销售产品，致使投资者误信 TRF 是低风险、高回报的投资工具之外，大部分买方其实是心甘情愿，甚至还是积极参与的。说穿了，就是很难克服人性的贪婪与恐惧。

其实，TRF 还有另一个陷阱：当客户因赔钱而想要提前中止合约，必须付出一笔数目不小的提前解约金；若不想提前解约，则得补缴保证金，否则就继续把合约延长，于是部分不甘认赔的客户签下了另一笔额度更大的合约。然而，这样的举措不啻为饮鸩止渴，最终收到一张再也无法承受的巨额账单。

因此，除了不投资自己不了解的产品之外，投机部分占整体投资组合的比重，也不宜超过 5%～10%。无论是衍生性金融产品或未上市股票，都属于高风险、高回报的投资工具，千万别为了追求超额回报，而影响到自己的日常生活质量。

▶ 成为有智慧的价值投资者

近年来，投资者在资本市场中惨败的例子时有所闻，所以有越来越多的人逐渐舍弃短线投机的做法，标榜稳健获利的"价值投资法"（Value Investing）反而一跃成为显学！

价值投资法的定义众说纷纭，但简单来说，就是：**投资者用低于企业真实价值的价格，买进绩优股，并以大股东的心态长期持有，追求合理的利润。**

本杰明·格雷厄姆（Benjamin Graham）为价值投资理论的创始人，有"价值投资教父"之美称。他的投资理论启蒙了巴菲特等许多亿万富翁，至今他们对于价值投资法仍奉行不悖。

仔细观察巴菲特的投资策略，可以发现他认真研究产业前景，选择真正获利或是生产刮胡刀、可口可乐等日常生活用品的企业，不碰"筑梦"型或没有营收的公司。接着，他用低价买进后长期持股，以赚取最大利润；遇到好股票下跌时，反而加码投资。尽管巴菲特曾在科技股的投资中遭遇亏损，但整体投资组合的回报率绝对是正值。显然，他的投资哲学值得想要成为智慧型股票投资者的人好好学习。

2-2 先保障后求利，先规划风险再求获利

全球经济风险无所不在，尤其是当有黑天鹅乱飞时，投资更要有所"本"。在追求高额回报与风险管控之间，投资者必须首先建立"先保障后求利"的理财思维，才能帮助自己沉着冷静地积累资产，并安稳度过市场震荡期。

其实，不论古今中外，许多成功投资者都秉持"投资前至少要先保住本金，再来追求获利"的态度。股神巴菲特的经典名言"不要赔钱"，相信大家对这个建议都耳熟能详。因此，唯有事先认清风险、追求合理可达成的回报率，并遵守"先求不败，再求胜"的投资策略，才能让自己的投资理财之路走得安稳又长久。

▶ 做好风险管控，才能安稳获利

任何人投资理财，第一步都是先存钱，同时手边一定要保留一笔可供临时周转的紧急备用金，所以要理财，不能一开始就只想着投资，一定得先有本才行。

很多人以为增加收入，自然就能存到本钱。然而，收入越高的人有时反而越不懂得存钱。实际上再怎么会赚钱，如果留不住钱也没用。正如经营之神王永庆的名言："你赚的一块钱不是你的一块钱，你存的一块钱才是你的一块钱。"

除了努力存钱之外，还要认清楚"投资本身就具有风险，绝非稳赚不赔"的事实。在实务经验中，我们常可以看到，有的人在完全未做过研究的情况下，就把所有资金都投入股市；也有的人买股票后，却不懂得获利了结或适时止损，以至于最后反而亏了不少钱。凡是在资本市场中跌过跤的人，大多会领悟到"要先守住钱，才能想赚钱"，以及"风险永远要先摆在前头"的理财之道。

大家都知道保本的重要性，但以保住资本为第一原则，并非意味着不投资，因为获利与损失是一体两面，如果永远不投资、不冒险，也代表难以快速积累财富。多数人视风险为毒蛇猛兽，殊不知投资最大的风险就是不冒风险，因为零风险等于零回报，不肯冒风险，通货膨胀就会吃掉未来的实际购买力。更何况，即使是银行定期存款，也要面临低利率风险。

换句话说，若只追求零风险的投资，根本是因噎废食。投资者真正应该做的是，做好风险管控，从而避免自己陷入投资风险而受伤。但该如何保住本金呢？首先，千万别碰不懂的理财产品；其次，别沉迷于短线投机，以为自己可以准确地抓住每次市场的进出点。

由于投资市场具有许多不确定性，盲目追涨杀跌的结果，最后可能落得白忙一场，甚至严重亏损。因此，对一般上班族而言，分批投资比单笔投资好，定期定额及中长期投资比短线进出更为有利，只要事先做好资产配置，再让时间与复利发挥其效果。

最后是谨记，别轻易动用老本。坦白说，风险并不可怕，真正可怕的是投资者自以为能承担所有风险，所以评估最坏情况很重要。一般来说，投资最坏的情况就是：老本全赔光。

投资前，不妨先问自己以下几个问题：如果这笔资金全部赔光，我能承受得住吗？会影响我的生活费吗？会让我无法专心工作吗？会打乱未来中长期的理财计划吗？

如果最坏情况都能接受，甚至已经做好万全准备，自然就能放心面对任何一种投资风险及结果，减少因情绪作祟而做出错误的投资决定，并能安稳获利。

▶ 善用多元配置，为资产保本

有了本钱之后，才可以谈投资；而在投资前，一定要先做好资产配置，别把鸡蛋放在同一个篮子里。这些话虽然都是老生常谈，但善用多元配置确实可以帮助投资者减少直觉式或过度集中的投资风险，尤其是当投资者面对市场变化，无法精确掌握市场脉搏时，更能凸显资产配置的重要性。

　　基本上，资产配置可分为核心资产、卫星资产两大类。建立核心资产的目的，是先求保本再求获利；至于卫星资产，则是希望能强化投资收益。不论核心或卫星资产，做法上都是先设定投资时间与期望回报率，然后依据个人的风险承受度来做适当的股债比例分配。

　　投资理财是一条漫漫长路，宁愿慢慢走、稳稳走，也不要倒退。只要每年的投资回报率都很稳定，长期累积下来的获利就会非常可观。

　　但仍要提醒的是，投资用的本金必须是短期内不会动用到的闲钱。除此之外，身边还要预留足够的钱，让自己能安心生活。保守型投资者可能需要一年的生活费额度，作为紧急备用金；积极型投资者也应该要预备至少 6 个月的生活费。这些都是投资理财上必备且重要的风险管控观念，毕竟"留得青山在，不怕没柴烧"，如此才能确保自己的资产可以稳健成长，打造人生的安全防护网。

理财小叮咛

近年来，频传投资者的存款、股票或投资产品，遭银行客户经理、证券公司营业员盗领或盗卖的事件。除了金融机构必须持续加强内控机制之外，消费者也应谨记，即使是再熟的客户经理或营业员，个人的存折和印鉴都不应交由对方保管。

为求下单方便，许多人将存折、印章、取款密码及下单密码交给客户经理或营业员保管，心想只要打一通电话给客户经理，就能搞定转账、提款、资金调度等问题。看似省下所有麻烦事，但这样一来，也让客户经理有了动手脚的机会。

事实上，银行和证券公司本来就会规定客户经理或营业员不得替客户保管存折、印鉴等证件。只是有些客户与客户经理或营业员往来时间一久，在信任度提高后，为了方便转账、提款及下单，就把证件交给对方。结果，经常传出客户资金被挪用、基金遭到盗卖等消息。

要避免类似情况发生，投资者除了自行保管存折、印鉴等重要证件之外，也应定期检查自己的银行或证券户头。此外，在使用印鉴前，也要先确认单据的用途，千万别将已盖好印章的空白取款条随意交由营业员填写金额或身份数据。尽管这些提醒都是老生常谈，却是保护个人资产之道。

2-3 中长期稳健获利的重要性

在资本市场中，短期致富与长期获利，两者究竟孰优孰劣？其实，很多投资者心目中几乎都是梦想着短时间之内能获取暴利，但在买进股票或基金后，往往因股价或基金净值变动幅度未如自己预期，最后才从原本想要短期实现获利变成长期持有，成为名副其实的中长期投资者。

或许有些人的运气奇佳，在股市中先大赚了 99次，却没想到最后一次是全部倒赔光，这显然是忽略中长期稳健获利的重要性。股市错综复杂，常让许多人觉得投资理财很难，担心一不小心就会蚀本而归。到底该怎么做，才能聪明投资稳稳赚呢？

事实上，几天赚百分之十几的回报率，或一个月赚一倍，这种短期获取暴利的激情确实令人难以忘怀，但多半只是昙花一现而已。唯有中长期稳健获利，才是一般投资者的股市生存之道。因此，在资本市场获取长期且稳定的收益，应是大多数投资者追求的目标。

▶ 稳稳赚远胜于大起大落

任何投资产品，大致上可分为长期持有与波段进出等两种操作模式。有些人喜欢投资定存概念股，借由每年定期配股配息而获利；有些人则喜欢利用波段操作，赚取价差，一旦下跌就立即止损。尽管这两种操作模式各有其拥护者，但整体而言，长期持有的投资方式较简单又稳健，中长期获利绩效也比波段操作来得好。

一般投资大众偏好波段操作，主要原因是人人都懂"低买高卖"的道理，以为只要凭着几个简单的财报概念，例如营收、税后净利润、市盈率（Earning Per Share，简写为 EPS）及每股盈余等，加上每天看技术 K 线图，就可以在股市抢进杀出。

由于波段操作偏重短期绩效，纵使偶有小赚，也是运气成分居多，获利模式并无法长期复制，自然难以创造财富累积的效果。结果是，大部分的人都以赔钱收场，难免感叹："花了那么多心力，最后却是白忙一场。"

老实说，机构投资者资金多，又有研究团队及专业分工。相比之下，一般个人投资者资金有限且分散，难以选在最低点时大量买进股票，加上市场信息又不对称，当利多消息出现时，往往已经是第二手甚至第三手消息。对个人投资者而言，想要抓准止损及止盈点根本是难上加难，无怪乎最后总是买在高点、卖在低点，赔比赚还多。

凡是走过大起大落的股票一族，多半都能体会中长期稳健获利的好处。所谓中长期获利，通常指投资时间至少 5 年以上，甚至是 10 年或 20 年之久。毕竟，金融市场本来就会有波动起伏，投资结果也会随着市场涨跌而赚赔不一。因此，实务上不能只以 1 年的回报率来评估投资目标与绩效，最好是以 3 年、5 年，甚至是 10 年以上的期间来做评估，所得到的结果较为准确。

中长期投资的好处在于，除了有机会赚取资本利得的价差之外，更重要的是，通过每年配股配息，可让股票生股票、现金生现金；然后，再把每年配发的股票与利息投入股市，使钱滚钱之后，产生复利效果。

▶ 中长期稳健获利的关键

想要达到中长期稳健获利的目标，关键在于资产配置，以及投资组合"再平衡"（rebalance）策略。

谈到资产配置，许多人都说得头头是道。有的人认为资产配置就是做好股债比例分配，其实不然。也有人以为买了十几只基金就是资产配置，其实这顶多只能算是分散投资而已，甚至是乱枪打鸟。遇到套牢时就继续放着不管，结果基金只数越来越多，反而达不到资产配置的功效。

根据国内外长期研究，80%～90%以上的风险与回报结果，都是由资产配置所决定。简单来说，想要达到资产稳定增值的目的，唯有资产配置才是王道，而且一定要是中长期投资。以我客户的经验为例，因事先做好资产配置，投资时间长达 10 年，每年都能稳健获利至少 3%～5%，比起忽高忽低的回报率来得更好，更能创造细水长流的财富效果。

除了资产配置外，投资组合再平衡更是另一关键，执行方式可不是把绩效表现差的股票或基金卖掉而已。真正的再平衡是，考虑到市场经过一段时间的波动后，股债比例会偏离原先设定的比例，此时就必须做调整。比方说，原先设定的股债比为 6∶4，若股市大涨、债券下跌，股债比变成 7∶3。为了使股债比接近原先设定的比例，就必须执行再平衡，也就是卖掉股票、买进债券。

假设一名投资者以 100 万元做资产配置，股债比例设定为 5∶5，投资组合再平衡的具体做法，说明如图 2–1。

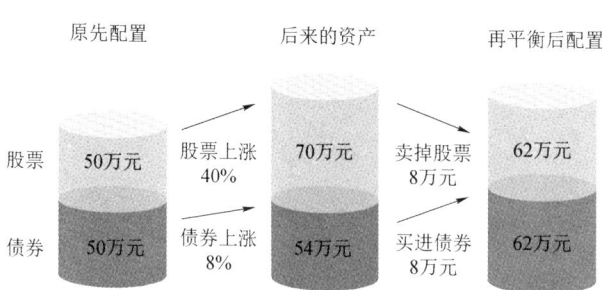

原先配置　　　　后来的资产　　　再平衡后配置

股票	50万元	股票上涨 40% → 70万元	卖掉股票 8万元 →	62万元
债券	50万元	债券上涨 8% → 54万元	买进债券 8万元 →	62万元

注：以上范例仅为示意，不代表未来绩效之保证。

图 2-1　投资组合再平衡示意图

　　再平衡的好处是，强迫自己逢高卖出、逢低买进，无形中可以克服"高买低卖"的人性弱点。若能有纪律地长期执行下来，有机会创造较高的投资回报率，且投资风险较小。一般建议可定期检视，如每月、每季或每年检视一次，遇有偏离时就调整；或是采取临界平衡，例如只要股票比重超过一成，就通过再平衡的机制，还原最初的股债比例及风险承受程度，以实现原来设定的投资目标。

理财小叮咛

　　很多人在追求稳健获利时，有偏爱"高配息基金"的误区。唯要小心此类理财产品可能"保息不保本"，原因在于配息可能来自本金。例如，某档高配息基金近一年配息率为 10%，但其配息有 20% 来自本金。此时就必须再乘以 0.8，将配息率还原，才是真正的基金收益。

　　由于部分基金公司竞相以高配息率为销售要求重点，诱使投资者申购基金，却未正确告知基金"高配息率"背后所代表的意义，等到投资者赎回时，才发现"高配息"有可能是"本金赎回"，"高配息率"只是基金公司销售手法。

　　除了基金配息率并非投资回报率之外，当配息从部分本金而来时，将使投资者持有的份额降低，因而可能影响再投资的复利收益。所以在此要特别提醒各位投资者，申购基金时应审慎评估基金投资风险、回报，以及基金的配息政策等相关信息。

第 3 章

全生命周期理财规划

3-1 理财规划对人生的重要性

一般人谈到理财，脑海中浮现的若不是投资，就是赚钱。事实上，所谓理财规划，其涵盖范围非常广泛，包括资产配置、出国旅游或深造、结婚、购房、子女教育金、退休养老金等，而且不仅追求稳健获利、达成理财目标，还要事先做好风险管控。

由此看来，理财是理一生之财，管理个人一生至终老前的现金流量与风险。毕竟，在人生旅途中，常会依人生不同阶段而设定各种目标，但同时也会遭遇挑战与变量。理财规划的好处，在于可协助个人循序渐进达成目标，万一发生无法掌控或突如其来的意外，又能有效降低风险变量所带来的冲击。

▶ 投机、投资、理财，大不相同

虽然有不少人都梦想一夜致富，然而，除非中彩票，突然拥有一大笔幸运之财，否则按部就班做好理财规划，才有可能脱贫致富，实现财务自由的终极目标。

不过，在学会理财规划之前，应先区分投机、投资及理财的心态有何差异。简单来说，投机是利用短时间内操作，赚取中间价差。可是这样的操作方式通常只能赚到短利，却无法获得长期而稳定的回报。投资则是投入资金后，通过中长期的持有，来获取相对回报或是稳定的现金流收入。至于理财，更需要倾注一生的时间，持续地对各种人生目标重复以下的循环过程：

设定→计划→实行→检视→调整

俗话说："你不理财，财不理你。"足见，理财规划对人生的重要性不言而喻。但如果脑袋想着投资，行为却是投机，就很容易陷入想要快速发财的误区中，忽略了资产配置及风险管控的重要性。

另一个常见的误区是："等我有了钱后，再来学习理财规划。"事实上，正好相反，应该是"开始理财规划后，才会有很多钱"。如同减重的人开始节食和运动后，才会逐渐达成减肥的目标，他们可不会说："等我瘦下 5 公斤后，再开始节食及运动。"因此，当社会新人进入职场工作，领到第一份薪金时，就可以开始做理财规划。

此外，理财规划并非如普通大众所认为买股票、基金或保险而已，也绝对不是追求钱财越多越好。理财规划的真正精神，在于按部就班实现人生各阶段的财务目标与需求，最终达成快乐富足的人生。因此，无论是处于哪一个人生阶段，都必须重视理财规划。

经过上述讨论后，相信大家应该都能清楚认识到，不论是赚钱（工作或投资收入）、用钱（生活支出）、存钱（资产）、借钱（负债）、省钱（节税）及护钱（保险与信托），都只是理财规划中的一部分。另外，掌握资金流向、做资产配置，也是理财规划中很重要的一环。

▶ 资产配置：理财规划的核心

资产配置，可说是理财规划的核心。但究竟该如何做好资产配置？多数人以为资产配置是投资部分的比例分配，例如手上有 100 万元，有些理财专家便建议股票、债券、现金的持有比例，应该分别为 10%、30%、20%。

不过，这样的说法只对了一半，因为这只是投资部分的配置，不能称为整体性的资产配置。所谓的资产配置，应该是把个人或家庭的所有资产都拿出来一一检视，当然也包括存款、房地产、投资收入、紧急备用金及保险等。如此一来，才能如实算出自己或整个家庭究竟有多少资金可用来投资，并把投资当作固定生活支出的一部分。

当你清楚可投资金额的比重后，再依照个人年龄、理财目标、投资属性、风险偏好、市场状况等因素，设定期望回报率，然后决定将多少的资金比例分配到股票、债券、基金、货币及房地产等金融工具上，最后规划出适合自己或整个家庭的投资组合。当然，投资组合长期绩效好坏，资产配置仍是最重要的因素。

值得提醒的是，高回报必然伴随高风险，天底下绝对没有高回报、低风险的理财工具。因此，建议高回报、高风险的理财产品最好只占投资组合的 5%～10%，而复杂金融产品的比重也不宜过高。这样才能在可承受的风险下，获取最佳的回报，同时也经得起多空市场的考验。

另一个值得留意的陷阱是，许多人误以为自己买了十几只股票或基金，就代表进行了资产配置。严格来说，这样顶多只能算是分散投资而已，甚至是乱枪打鸟。因为看似分散成很多只股票或基金，但如果仔细观察持有股票或基金的内容，发现都集中在某一产业、市场或彼此相关性很高，就不见得能降低风险。正确的做法应该是依不同区域、产业，搭配不同理财工具，经由缜密布局、长期持有及持续投资，才能真正有效分散整体投资组合的风险，达成预设的回报率。

另外，资产配置若要维持一定的比例，最好定期执行"再平衡"的策略。由于金融市场会波动，各类投资产品的涨跌幅不尽相同，如果放任不管，原先设定的资产配置比例可能会逐渐变调。因此，为了恢复原先配置的比例，需要通过再平衡来逢低买进、逢高卖出。

不过，"低买高卖"的原则看似是简单的道理，却大大地违反人性，实际操作起来并不容易。事实上，再平衡的最主要用意是风险管控。

▶ 不只稳健获利，还要风险管控

所谓风险，指的是财产或投资蒙受损失的可能性，当未来的不确定性越大，面临的风险通常也越高。

想要投资成功，应该学会控制风险；你可以获取多少投资回报率，将取决于你的风险承担能力。至于如何判断个人的风险承受度，年龄、收入、家庭责任、对产品熟悉度，以及可忍受投资亏损的程度等，都是可纳入考虑的重要因素。

基本上，不论年纪多大或身处于哪一个人生阶段，在进行理财规划与资产配置时，都应以风险管控为前提。风险管理计划也包含预先做好保险的安排，提供足以规避风险的保障。

投保保险的主要目的是，当意外事故发生，使得个人或家庭现金收入无法支撑当下或日后支出时，仍能有一笔金钱或收益来弥补缺口，以降低对人生所造成的冲击。例如，寿险的功能是防止现有的生活水平受到影响，医疗险是为支付大额医疗费用，失能险是弥补收入损失的替代所得收益，房屋险、车险与责任险则是保护有形资产与责任风险的移转。

因此，想要靠理财规划致富，一定要以风险管控为前提，做好资产配置。通过适当的资产配置，积累财富的速度虽然较缓慢，但至少是持续正成长。扪心自问：你希望每年稳定获利 3%～5%，还是第一年涨 10%、第二年涨 15%、第三年却出现-30%的亏损？若拉长时间来看，其实稳健获利加上长时间的利滚利，绝对比坐云霄飞车追求高回报来得更好。

当然，人人都会做计划，但光说不练是无法达成梦想的。第二次世界大战期间，担任欧洲战区盟军最高统帅的美国总统艾森豪威尔（Dwight David Eisenhower）曾说："计划本身微不足道，制订计划的过程才是最重要的。"（Plans are nothing. Planning is everything.）因此，我们可以把艾森豪威尔的名言理解为：光凭漂亮的理财计划绝对不够，唯有付诸实际行动，才是理财成功的关键！

3-2 SMART 原则与理财规划的步骤

　　成功的人都善于规划自己的人生，并在尚未成功之前就已养成良好的习惯。第一步先从设定明确的目标开始，拟订详细计划，然后按部就班、逐一执行，最终实现梦想。

　　随着全民理财时代的来临，越来越多的人把理财致富列为人生一大目标，希望有朝一日能过着财务自由、时间自由的乐活人生。不过，财富的积累，靠的不是个人赚进多少收入，而是如何有效"管理"自己的资产。因此，理财规划可说是人生中最重要的终身大事，其重要性不亚于成家立业。

　　尤其是在不确定风险愈加频繁的年代，想要练成"富脑袋"，加深"富口袋"，理财专家暨理财网站MyFabFinance.com 创办人托尼亚·拉普利（Tonya Rapley）说得好："人人都有创造财富的能力，只是需要一步步达成目标的好方法。"

　　那么，我们该怎么做呢？

▶ 善用 SMART 原则，设定理财目标

　　设定目标，是理财成功的第一步。每个人的目标不尽相同，初入职场的社会新人，可能想要出国深造或旅游、偿还助学贷款；刚结婚的年轻夫妻，也许打算购房、购车及生儿育女；当孩子长大离家后，空巢父母开始要面临由职场中退休的养老生活，得思考如何拥有安心自在的下半生。

　　不论目标是短期的旅游、结婚、购车，或中长期的购房、准备子女教育金及退休金等，建议不妨参考"SMART 原则"来设定财务目标，以便将人生梦想转化成具体可行的执行计划。

　　所谓"SMART 原则"，是由以下 5 个英文单词的首字母所组成的，它们分别是：

　　S→明确的（Specific）：理财目标的内容、预计达成时间表，以及执行方法，皆须以书面方式详细记录，而且越明确越好，以免梦想永远停留在脑海中

的空想阶段。

M→可衡量的（Measurable）：应确切衡量实现目标所需要的时间与金钱，并将目标数据化。

A→可达成的（Attainable）：根据现有资产、未来收入及目标年限，在合理的假设情境下，设定有机会达成的目标。

R→符合现实的（Realistic）：考虑经济景气、外在环境、个人与家庭条件等，设定符合现实状况的目标。例如在经济比较景气时或对积极型投资者而言，也许可设定投资回报率 10%～15%；但在经济前景低迷时或对极端保守型投资者来说，设定投资回报率 15% 反而是不切实际的做法。

T→具体的（Tangible）：达成目标的方法应具体可行，譬如以零存整取或定期定额买基金方式强迫自己储蓄，并选择理财产品，规划出适合理财目标的投资组合。又如 20 年或 30 年的退休养老计划，可落实为每年或每月的储蓄及投资，同时也要定期检视，调整退休金的积累进度。

设定完理财目标后，还要排列优先级，决定哪些项目是一定要达成的，哪些则是想达到但非必要的目标。另外，在把目标金钱化、数据化的过程中，除了设定合理的投资回报率之外，亦须考虑通货膨胀率的因素与投资工具的差异。

值得提醒的是，在追求目标的同时，也应为自己及家人事先准备好一笔紧急备用金，以应对突发的紧急事件。一般来说，应预留至少 3～6 个月的紧急备用金，以支付房租、生活费及医疗费等基本开销。

▶ 不同年龄，需要不同理财策略

事实上，每个人踏入人生不同的阶段，都会有不同的资金需求。可是，理财规划并无套装产品，必须随着年纪、身份、承担的人生责任、风险偏好等因素来加以调整，才能设计出适合自己的理财策略与方案。

对大多数人而言，人生可划分为 5 个阶段，包括：**踏入社会、结婚生子、购房、准备医疗支出、存退休金**。通过检视这些阶段的财务需求，越早开始规划，越有机会达成理财目标。

首先是踏入社会的阶段，20～30 岁的社会新人刚脱离父母的保护伞，开始靠薪资养活自己，并学习经济独立。也有不少人一毕业就背负逾 10 万元的助学贷款，因此拥有稳定收入后，在资金分配上应以偿还助学贷款为优先，让自己早日摆脱负债，开始积累人生第一桶金。

考虑到初入社会的年轻人大多以公共交通或摩托车代步，发生意外事故的概率相对较高，因此即使收入有限，仍应做好风险规划，包括投保定期寿险、意外险、医疗险等，先构建好基本保障，才不怕风险来临。若有闲钱，再考虑申购定期定额基金，此时不建议购买保费较高的储蓄险。

此外，年轻人的理财重点，也应放在投资自己、提升赚钱的能力上。职场上的自我进修，可分为精进专业知识与技能、发展多元兴趣两大类，后者可与投资理财息息相关。

到了三十而立之年，即将步入成家立业的阶段。若是单身族，可能要开始储存结婚、购车及购房基金。婚后不生小孩的丁克族，除了每月房贷支出外，应重视未来长期医疗看护、每月退休金收入的规划。

如果夫妻双方计划生儿育女，人生责任和财务风险为此阶段的规划重点。由于不少人是"上有老、下有小"，承受巨大的工作与经济压力，因此家中唯一的经济支柱特别需要提高寿险比重，不妨可考虑定期寿险，万一发生不测，还能负担房贷、小孩到成年的教育费用，以及全家人未来几年的生活支出。值得注意的是，此阶段的风险规划，应是父母优于小孩，行有余力再购买孩子的医疗险，并利用定期定额基金或储蓄险来储存子女教养费。

40～50 岁时，要开始考虑退休问题，并思考每月现金流还剩下多少钱，因为现金流多寡会决定投资理财的工具。在此阶段的理财规划，大多集中于家庭收支、子女教育、赡养父母、健康医疗、退休养老等方面。毕竟，打拼了大半辈子，身体可能开始出现一些小毛病，必须提早准备足够的医疗费用，让自己与家人无后顾之忧。

此外，退休之前，要确保自己有足够的积蓄，足以支付退休后的个人与家庭开销。为了让自己在提早退休或是退休后的 20～30 年内能安心养老，越早开始准备退休金，将能越快达成目标。

退休以后的人生，除了享清福之外，也应开始规划资产传承与分配，并提早做好节税规划。高净值人士（High Net Worth Individuals，简写为 HNWI）若担心子女无法妥善理财或有心人士觊觎财产，可考虑将财产交付信托，由信托规划家族资产，以顺利传给下一代或做适当分配。

不同年龄的理财重点如表 3-1 所示。

表 3-1　不同年龄的理财重点

年龄	人生阶段	理财重点
20～30 岁	社会新人	偿还学贷、自我充实、存第一桶金
	单身族	积累结婚、购车及购房基金
30～50 岁	丁克族	偿还房贷、积累长期医疗看护及退休养老基金
	成家立业族	偿还房贷，积累子女教育、长期医疗看护及退休养老基金
50～65 岁	幸福壮年族	积累长期医疗看护及退休养老基金
65 岁以后	退休银发族	资产传承与分配、节税及信托规划

▶ 依风险偏好，挑选适当理财工具

除了年纪、人生阶段之外，个人的风险承担能力也与理财规划息息相关。一般而言，积极型投资者可承担高度风险，稳健型投资者可承担中度风险，保守型投资者可承担低度风险。

该如何确定个人的风险偏好类型？银行或基金公司依规定皆有提供"风险属性评估表"给客户填写，内容包含个人基本资料、财务背景、所得与资金来源、风险偏好、过往投资经验及投资理财需求等，再依答案计算出总分后，归纳出积极型、稳健型及保守型等 3 种风险属性类型。不同的风险属性代表对风险承担的程度不同，必须随之调整适合的投资产品。另外，"风险属性评估表"也应定期检视与更新。

值得提醒的是，回报与风险成正比，市面上绝对没有高回报、低风险的理财工具。如果听到"保证获利"或"保证投资回报率5%以上"，应格外小心，以免受骗上当。

从踏入社会、结婚、购房、养儿育女到退休养老，每个人都会面临不同的人生阶段。唯有了解自己的财务需求，及早做好准备，才能有效地积累财富，进而掌握自己的人生。

3-3 好的理财规划师协助的重要性

套用股神巴菲特的名言："当潮水退去时，才知道谁在裸泳。"2008 年，全球金融海啸来袭后，投资者才猛然发现，原来许多客户经理都在裸泳，从此对银行、客户经理的信任度大打折扣。

尤其是不少人在客户经理的舌灿莲花下，投入可观的资金甚至是毕生积蓄，购买号称"保本又保息"的连动式债券。他们原以为连动债与银行定存一样毫无风险，没想到却是一颗地雷，导致最后血本无归，纷纷痛骂客户经理。

连动债投资产品纠纷，使台湾地区客户经理的形象一度跌落谷底。但事实上，在发达市场，好的理财规划师与好的家庭医师同等重要。专业的理财规划师能够通过面谈、问诊及财务检视，了解客户当下的财务状况、未来的财务目标，以及可能遇到的风险，然后从中找出问题点并加以评估与分析，再提供对症下药的建议。因此，慎选理财规划师，可说是影响财务目标能否达成的一大关键要素！

▶ 挑选优质理财顾问的五大原则

基本上，专业的理财规划师并非以销售产品为主，而是犹如家庭医生，能针对个别情况，提供客观的诊断与咨询。因此，理财规划并无标准产品，唯有量身打造，并定期检视与调整，才能让人在理财规划上无后顾之忧。

只是，如何才能找到优秀的理财顾问呢？不妨参考以下五大原则，找出最适合自己的财务规划师（见表3-2）。

表 3-2　善用五大原则，分辨好坏理财规划师

	可选择的理财规划师	需慎思的理财规划师
年资	较资深且长年绩效良好	资浅、过去绩效不佳，或在任一家金融机构供职从未超过一年
专业度	拥有专业证照，会立即补充最新财经及产业信息	无专业证照，对最新财经信息、产业新知，不懂却装懂
友善度	在销售金融产品后，仍持续与客户保持联系	销售金融产品前十分热络，销售后却不闻不问
透明度	同时告知金融产品的预期利润与潜在风险	只告知金融产品的预期利润，却隐藏可能的风险
信心度	会购买自己所推荐的产品	不购买自己所推荐的产品

年资

虽然资历深不等于优秀，资历浅也不代表没有独到见解，但选择理财规划师时，仍应以资历深、长年绩效良好者为优先，毕竟资历深者通常拥有较丰富的经验与人脉网络，能提供跨领域的服务。当然，如有协助客户理财规划成功的案例更佳。

专业度

具备理财专业知识及证照，并拥有整合能力，可将所有财经知识、技术与金融产品融会贯通的理财师。当前最热门的国际金融证照，包括特许金融分析师（Chartered Financial Analyst，简写为 CFA）、国际金融理财师（Certified Financial Planner，简写为 CFP）、金融风险管理师（Financial Risk Manager，简写为 FRM）。不过，此三张证照的功能与用途不同，其中又以国际金融理财师证照与理财规划师的关系最密切。

友善度

好的财务规划师能提供中长期的合作，而非一次性的产品销售。因此，最好选择在销售金融产品后仍持续与客户联络的理财顾问。他们除了提供各种国内外财经、产业信息之外，还会关心客户的投资绩效，主动提醒何时应止损或止盈。

透明度

专业的理财顾问是不可多得的良师益友，但也有理专仅能称为"金融产品销售员",与真正的"理财规划师"有天壤之别。好的理财顾问应按照客户需求做全方位考虑,并着重风险管理,同时明白告知金融产品的特性、预期利润及潜在风险,以示对客户的权益负责。

信心度

专业的理财顾问一定要亲自做过投资,对各种理财产品的特性、效益、回报与风险有深入的了解,并会购买自己所推荐的金融产品。

▶ 投资自己,充实理财专业知识

那么,何种投资者需要财务规划师的协助呢?如果一看到数字就头晕眼花,对花钱无自制力;或是不确定目前的理财方式是否适合自己,希望通过咨询来提升理财效率;或是可投资资金相当充裕,需进行较多元的资产配置,却又没时间留心市场与产业趋势等——这种投资者都可以考虑寻求专业协助。

但事实上,理财规划无须百分百依赖理财顾问,可采取部分自己亲自操作、部分委外专业协助的做法。例如，若可投资的资金并不多，像是50万元以下，便无须进行太过多元的资产配置，以亲自理财为佳。

不论是亲自理财，还是寻求理财顾问的专业意见，投资者本身也应努力做功课，提高自己的理财能力与财经素养。调查发现，台湾年轻人的财经素养普遍不高，在投资管理方面，近八成无法判断如何正确选择投资工具，其中超过半数的受访者甚至误以为银行定存能创造最多的收益。

其实，过去也曾有股民闹过笑话，本来想买进台股联发科（2454），结果却买到联发纺织（1459）。公司名称相似，但股价相差巨大，足见做功课的重要性。

许多上进又认真的上班族，大多愿意花时间与金钱提升专业及语言能力，希望借此获得升迁机会、增加收入。当然，投资自己的回报率永远是最高的，不过在精进工作与专业能力之际，可别忘了同时也要充实理财知识。

至于如何开始充实理财专业知识，建议可从看书自学做起，先到图书馆或书店挑选几本理财规划入门书来阅读，并随时关注财经媒体所报道的国内外财经消息。不断充实理财知识，应是每个人一生中不可缺少的必修功课。此外，也应切记，理财需要稳扎稳打，千万别妄想一夜致富。

▶ 行动力，才是理财成功的关键

理财规划要成功，除了自己要有基本财经知识、多与理财顾问交换意见之外，最重要的是，一定要付诸实际行动，然后定期检视、调整及改进。这样做才能帮助自己日后更顺利地达成理财目标。

财务学上有句名言："市场上没有自动印钞机。"（There is no money machine.）换言之，无论是亲自理财，还是委托理财规划师专业管理，理财成功的关键都在于执行力，否则财富是不会不请自来的。

那么，该如何付诸行动？不妨趁岁末年终时，回头检视自己的理财绩效，为过去一年的理财状况进行年度财务体检。检视重点如下：

- 这一年来，工作收入是否有增加？储蓄的金额是否符合原本的预期？

- 支出预算是否控制良好？

- 如果你是一家之主，是否有足够的寿险、意外险及医疗险等保障？股票、债券或基金投资绩效如何？

- 是否该获利了结或止损出场？

- 在一年的尾声，是否已朝着年初所设定的理财目标更近一步？

当检视自己的资产健康状况后，总会有些改进的想法，必须要落实这些调整方案，才能逐渐接近理财目标。若对投资方向调整不太有把握，建议可寻求理财规划师的专业意见，共同讨论出最适合现状的理财工具。

阿里巴巴集团创始人马云在一场公开演讲中这样鼓励想创业的人："我觉得做一件事，无论失败与成功，经历就是一种成功。你去闯一闯，不行你还可以掉头；但是你如果不做，就像晚上想想千条路，早上起来走原路。"

　　由此可见，人人都有梦想，可是真正付出行动且坚持到底的人却少之又少。理财规划也是如此，与其坐而言，不如起而行，现在马上行动吧！

第 4 章

财富管理业务介绍

4-1 银行财管业务

低利差环境，使银行过去赖以生存的利差收入缩水，银行转而积极开发财富管理业务，赚取稳定且无风险性的手续费收入。此外，亚洲地区高净值人士的资产持续增长，也使得财富管理成为金融业兵家必争之地。

根据资诚联合会计师事务所公布的《2016资诚全球财富管理调查报告》，预计2020年时，全球资产管理规模（asset under management）将达101.7万亿美元。同年，亚洲富裕阶层（mass affluent）拥有的资产将是43.3万亿美元；其中，亚洲地区（日本除外）高净值人士的资产为22.6万亿美元，而亚洲资产管理规模将增加至16.2万亿美元。

该调查也显示，至2020年，全球退休基金的资产规模估计将达56.5万亿美元，其中亚洲退休基金资产规模为6.5万亿美元。随着老龄化社会来临，亚洲各国退休基金和医疗保健将成为重要议题，更是金融机构亟待开拓的市场。

此外，麦肯锡公布的《2014 全球财富管理调查报告》显示，亚洲地区（日本除外）高净值人士的资产每年增长高达 16%，到 2018 年，新增加的百万富翁创造 9 万亿美元净资产，是银行财管业务的重要市场。

▶ 抢攻客户，调降财富管理门槛

事实上，台湾银行发展财管业务已将近 20 年，早期是柜台人员被动协助产品销售，近年来则是各家银行纷纷成立财富管理或贵宾理财中心，主动推荐金融产品。一般而言，银行提供财管服务范围，不外乎资产负债管理、投资、风险管理与保险、退休、税务、信托及遗产规划等。

由于财富管理业务可为银行带来稳定且无风险性的手续费收入，加上八成以上的台湾人仍习惯自行理财，因此银行在财管领域还有很大的发展空间。为积极拓展财富管理市场，银行的财富管理门槛也出现两极化现象。有些银行推出 100 万甚至 50 万元的低门槛，

客户即可获得专业财富管理服务;有些银行则增设专
人服务团队及国际级财富管理服务,希望能获得金
字塔顶端上千万资产客户的青睐。

严格来说,台湾各银行财富管理门槛并无统一
标准,目前主要是依据客户的可投资资产规模(房
地产除外)来设立不同的开户门槛与服务内容。传
统上,大多数银行设定的财富管理客户门槛约为300
万元左右。但在市场的激烈竞争下,不少银行为抢
夺业务而大幅降低门槛,甚至客户的可投资资产规
模只要达到50万元,就能走进银行的贵宾理财中心。

银行降低财富管理门槛的主要目的,是培养未来
忠诚的理财客户。假设客户目前的资产管理规模为50
万元,经由银行提供专人理财服务后,资产增加到100
万元、500万元,甚至是1 000万元时,对银行的忠诚
度将会大大提高。

此外,银行细分客户群的另一原因在于"不同资
产的客户理财需求大不相同"。比如,拥有"第一桶金"
的客户,大多对理财充满兴趣,希望快速积累财富,
追求较高的回报率。但拥有上千万元资产者,通常以

保本为先，可投资的产品也较多元化。

值得提醒的是，成为银行财富管理客户后须留意，往来资产规模若未达到一定门槛，恐被银行按月收取账户管理费，或无法享受额外优惠。至于银行认定的往来资产，通常包含现金、保险费、基金投资金额等。

▶ 私人银行业务，瞄准高净值客户

除了下调财管开户门槛之外，也有银行针对往来资产维持在 3 000 万元以上的客户，提供顶级的私人银行服务。所谓的私人银行，其实是一种财富管理平台，提供中长期多元配置的理财建议，且投资理财区域不限于台湾。

过去，私人银行业务大多是外资银行一枝独秀，因为外资银行具有全球网点、境外理财平台等优势，能全方位满足高净值客户的理财需求。不过近年来，本地银行也开始积极抢攻这块大蛋糕，凸显了台湾地区高净值族群比例逐年攀升的趋势。

私人银行客户需求可分为两种：一是第一代企

业主，年纪约 50～70 岁，正在思考如何让下一代接班并传承财富；二是在海外地区投资多年的企业主，需要事业拓展上的策略与建议，例如并购（Mergers and Acquisitions，简写为 M & A）及首次公开募股（Initial Public Offering，简写为 IPO）。

仔细观察台湾地区财富管理市场近年来的变化，可发现已有银行从单纯的产品销售、个人量身打造，进一步衍生出以家庭或家族为单位提供服务。由此可见，西方发达市场盛行已久的家族财富管理观念开始在台湾地区萌芽。

目前有多家银行纷纷设立私人银行专属服务团队，成员包括会计师、律师、具有国际认证资质的理财规划顾问，以及熟悉机构金融业务的专业人员等。专业理财顾问将评估客户家庭各成员的风险属性，提供适合的资产配置建议，满足一家老小各阶段的理财需求，如子女教育金、购房置业，以及信托、税务、退休规划等，让客户资产能保值增值，并顺利传给下一代。

▶ 数字金融：财富管理未来新趋势

最近"金融科技"（FinTech）这个名词十分火热，已成为全球金融业的流行话题。根据《2016 资诚全球财富管理调查报告》，数字金融服务是未来理财顾问必须具备的基本能力之一。该调查也指出，69%的高净值人士已使用网络或手机银行，逾 40%的高净值人士通过在线工具来检视其资产及投资配置，超过 1/3 的高净值人士开始运用在线服务来管理资产，可见数字金融将成为财富管理的未来发展趋势。不过，目前只有 25%的理财顾问通过数字方式来提供财富管理服务。

2016 年 4 月，某大型跨国银行在台湾地区推出"智慧财富管理"服务，对象为投资总值达 25 万美元或以上的中高净值客户，手续费采用全年 1 000 美元且分季收取的方式。与传统高端财管服务不同的是，智能财管运用人工智能系统，也就是智能投顾（Robo-Advisors）服务，根据客户的风险偏好、人生阶段、资产规模和理财目标来设定投资策略，后续还会随时监控投资动态、定期调整仓位，以降低风险。

智能投顾的好处，在于通过系统理性分析后为客户提供建议与咨询，可大幅降低人为因素的干扰，避免真人客户经理只推荐佣金较高的金融产品的弊端。此外，机器人也不会因为客户资产量的大小不同而改变服务质量。

然而，并非所有类别的投资者都将受到智能投顾的影响。根据特许金融分析师协会（CFA Institute）于2016年4月所做《金融科技调查报告》，一般富裕阶层将受到最明显的正面影响，但对于金字塔顶端的高净值/超高净值人士来说，则不会有太大的改变（见图4-1）。

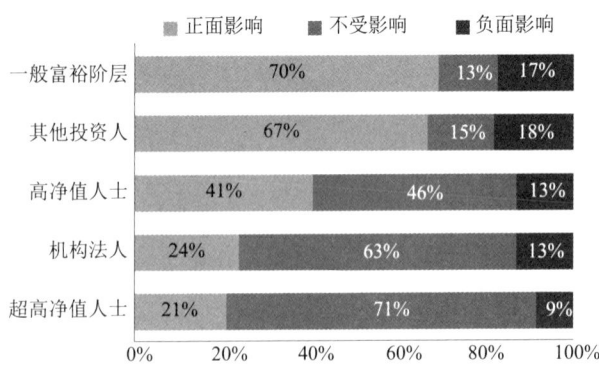

图 4-1 不同投资人受到智能投顾服务的影响

资料来源：特许金融分析师协会《金融科技调查报告》，2016 年 4 月。

尽管金融科技导致银行分支机构及人力缩减，但智能投顾不可能完全取代真人，目前来看，高净值客户仍较喜欢真人服务。因此，与客户之间面对面的沟通及贵宾理财服务还是很重要的。然而，金融从业人员也必须因应金融科技浪潮来袭，及早转型并同步学习成长，才能避免被淘汰的命运。

理财小叮咛

一般认为，CFA、CFP 和 FRM 是最热门的专业证照，但其实很少有人同时拥有这三张证照，而且其功能也不尽相同：

- CFA 以产业研究与分析为主，如个股研究报告、企业财报分析，通常研究员、证券分析师、基金经理人等须拥有此证照。
- CFP 以个人财富管理、理财规划为主，包含保险、税务、信托、退休规划等，涉及面十分广泛。

● FRM 主要是针对金融机构进行财务风险管控，为许多金融机构风险管理部门的从业要求之一。

4-2 保险财管业务

台湾财富管理市场潜力无穷，不论是银行、保险、证券还是基金公司无不积极抢占这一市场。2006 年 1 月 13 日，台湾地区金融监管机构制定发布"人身保险业办理财富管理应注意事项"，保险公司才首度取得经营财富管理业务的资格。但直到 2008 年初，才有第一家寿险公司获准从事财富管理业务。

对起步较晚的保险业而言，近年来同样面临经营环境的巨大挑战，包括投资获利有限、利差亏损的阴影挥之不去，加上低利率导致传统保单保费高涨，致使保险业失去长期稳定的收益来源，因此亟欲借由财富管理业务，开创获利成长的空间。

保险最重要的目的在于实质保障，分散生活的经济风险。除了转嫁风险之外，现在越来越多的人希望通过购买保险产品，达到储蓄投资、保存资产、传承财富、合法节税等多元目标，此时，就必须借重理财规划师或保险规划师的专业，才能达成。

▶ 以保障为核心，追求稳健获利

尽管寿险顾问已正式涉足财富管理业务，但基于证券法规，尚无法直接向客户经销基金产品。换句话说，依规定，保险公司从事财富管理业务，只能营销保险产品。不过，如果有其他金融机构"合作推广"或"共同营销"，仍可通过平台推介其他金融产品，以提供资产配置或财务规划等服务，满足客户理财的多元需求。

基本上，在经营财富管理业务时，保险公司与银行的思考重点不尽相同。对银行而言，其优势在于渠道多、产品线较齐全，并掌握客户的资产与现金流情况。因此，当客户希望追求高回报时，银行客户经理可以善用各种金融产品的规划与组合，尽力协助客户达成理财目标。

相比之下，保险公司的财富管理业务则以保障为核心，追求稳健获利，所以产品类型清一色是各种保单，尤其是专攻储蓄、子女教育金、退休金等金融产品，强调长期规划，很少有短期的纯投资型保单。

除了产品规划重点不同之外，还有一个有趣的现象值得注意，那就是消费者信赖银行程度高于客户经理或银行人员，而相信保险业务员的程度却远高于保险公司。因此，保险业务员若能经专业训练成为"行动理财顾问"，加上把客户对保险业务员的信赖感引导到财富管理业务上，对保险公司而言将是一大利基。

一般来说，保险规划师可为个人、家庭，甚至家族提供全方位的咨询服务。在深入检视客户既有保单，了解财务现状及理财需求后，通常会提出类似体检报告的财务与风险评估分析，并针对保障不足的部分提出建议及解决方案，以达到风险转嫁、财富传承的效果。即使保险公司后来跨入财富管理业务行列，但保险规划师不同于一般银行客户经理，仍以人身风险管理为基础，除了原有保险保障需求的规划之外，还会发挥资产管理的专长，为客户提供长期且稳健的资产配置建议。

▶ 未雨绸缪，守护与传承家族财富

保险公司的客户可分为一般客户与高净值客户。一般客户的财务管理需求以储蓄、退休金为主，选择的产品如投资型保单、年金险等。高净值客户对于全球经济形势与大环境变动的敏感度非常高，尤其是税法更迭、股市与房市波动，都会影响到其每年的身家变化，所以他们最在乎资产保全与财富传承，其次才是资产能否增值。

华人世界向来重视家族传承，希望能够"富过三代"。将上一代辛苦打拼、积累的财富传承给下一代，以庇护后代子孙，经常是许多高净值家族的期望。因此，如何提早布局，通过适当的遗产规划，搭配金融理财工具，以进行财富移转与传承，对高净值家族而言是非常重要的课题。

针对跨世代财富移转、传承及分配的需求，保险是最常见的理财工具之一。原因在于借由保险规划，不仅能拥有充足的保障，让资产稳健增长，还可以指定身故保险金受益人，等到投保人过世后，在不受相关法律法规的限制下，可将资产传承给生前指定的子女或家属，共创跨世代的财富传承效益。

举例来说，某客户陈先生已年近退休，希望生前把财产平均分配给三名子女，其名下财产包含现金、股票、不动产及生意业务。为避免客户的子女日后因处理遗产而对簿公堂，保险规划师通常会建议客户善用人寿保险单来做财富移转规划。运用寿险保单作为财富移转与传承的辅助工具，好处是可充分运用杠杆原理，将每年的保费转化为较高保障的保额，为后人留下更充裕的财富。此外，投保人还可以按意愿直接指定受益人，并随时更改保单的受益人及各受益人的分配比例。

有些客户会担心在自己身故后，如果子女年纪还小，保险金可能遭到诈骗、不当挪用或被年轻的子女任意挥霍光。遇到此种情况，保险规划师大多建议采取"保险金信托"方式，以确保子女能获得保障，达到投保人让保单真正照顾家人的心愿。

　　所谓保险金信托，就是将未来保险理赔金交付信托，作为信托财产。当被保险人不幸身故时，保险公司将保险金直接拨入受托机构信托专户，再由受托机构依约定管理、运用及给付受益人保险金。

▶ 保险节税需留意实质课税原则

　　保险不仅是财富传承的手段，亦是节税的利器。在台湾地区，根据目前相关规定，保险节税可用于个人综合所得税、遗产及赠与税等方面；其中，高净值族群最常通过购买保险，作为合法节省遗产及赠与税的工具。

　　依据现行中国台湾地区遗产及赠与税收相关规定，赠与人每人每年有 220 万元可赠与子女的免税额。因此，高净值族群可在免税额内，以子女名义购买生存保险，如短期还本型寿险，借由逐年的保费支出合法转移资产，待子女长大后领回满期保险金，可作为教育基金或生活费。此种方式不但可省

下大笔赠与税，保险期间累积的利息及红利也免纳
个人综合所得税。但目前仅有寿险具有此功能，产
险产品则没有。

不过，想运用保险来合法节省遗产税，应先充分
了解以下两项规定：中国台湾有关保险的相关规定
"保险金额约定于被保险人死亡时给付于其所指定之
受益人者，其金额不得作为被保险人之遗产"；以及中
国台湾遗产及赠与税的相关规定"约定于被继承人死
亡时，给付其所指定受益人之人寿保险金额，不计
入遗产总额"。

简单来说，保险理赔金免纳入被保险人遗产总额
中计税，其实是有前提的。首先是只有人寿保险金额，
才得以免征遗产税。其次是，投保人与被保险人为同
一人时，当被保险人万一不幸发生意外死亡时，受益
人领取的保险金可免计入被保险人遗产征税；反之，
投保人与被保险人为不同人时，若投保人死亡，就不
适用不计入遗产总额之规定，其保单价值应并入遗产
总额课征遗产税。

事实上，按现行规定，指定受益人的人寿保险给

付不计入遗产总额，主要是考虑被继承人为了保障并避免其家人因其死亡而失去经济来源，使生活陷入困境，受益人领取的保险给付金如再征收遗产税，则有违保险终极目的。

但值得提醒的是，若有重病、高龄、短期、趸缴、巨额、密集、举债投保，以及保险费高于或等于保险给付金等情形，将被认为是蓄意规划投保人身保险，借以规避遗产税。税务机关仍将依据实质课税原则，并入遗产课税。

理财小叮咛

人寿保险已不再是以往传统认知的金融产品。保险规划师为客户所做的理财规划，应以保险为核心，加上税务、信托，合为"财富金三角"，尤其信托更是客户达成财富传承、照顾家族后人未来生活等目标的最后一块拼图，不可或缺。

4-3 证券与基金财管业务

随着大众理财观念与意识大幅提升，对于财富管理的需求日趋增加，庞大的财富管理市场现在不但成为银行、保险、证券及基金等各金融机构竞相抢食的大饼，也是成长最快速的业务。

近年来，由于股市成交量低迷，加上投资者股票交易通过电子交易手段的比重增加，不少券商纷纷寻求新出路，转而积极投入财富管理和信托等业务。因此，券商旗下从业人员除了经纪业务之外，也要兼营国内外基金、保险及结构性产品，并提供客户定制化的理财服务，以满足客户投资理财的需求。

▶ 监管松绑，有助券商发展财管业务

早在 2005 年 7 月 27 日，台湾地区金融监管机构制定发布《证券商办理财富管理业务应注意事项》，让

证券公司首度取得经营财富管理业务的资格。然而，相较于银行和保险公司，券商经营财富管理业务的步伐却显得缓慢且沉寂，原因在于开放之初，券商未能兼营信托业务，欠缺银行现行的信托架构来为客户办理财富管理，以至于无法大力发展财富管理业务。

直到 2009 年 9 月 28 日，台湾地区金融监管机构公告修订《证券商办理财富管理业务应注意事项》，增加券商可以采用信托方式从事财富管理业务，以及券商分支机构可申请财富管理与信托业务相关规定。自此，券商经营财富管理业务的空间和营运模式才逐渐成形。

券商得以信托方式办理财富管理业务，兼营资金信托及证券投资信托，有了信托账户后，就能为客户执行资产配置，包括银行存款、政府公债、可转让之银行定期存单及商业票据、债券附条件交易、境内上市或上柜及兴柜有价证券、境内证券投资信托基金及期货信托基金、衍生性金融产品等，也同时解决了开立多个不同交易账户的麻烦。

2014 年 3 月 5 日，台湾地区自由经济示范区金融服务正式实施，同时也允许券商设立国际证券业务分公司（Offshore Securities Unit），正式办理国际证券业务；同年 7 月，台湾地区金融监管机构开放券商可经营集合管理账户信托业务，并大幅放宽基金、投顾、券商经营全权委托投资（代办）业务，无须先经金融监管机构许可委任。这不仅让证券业的财富管理业务往前迈进了一大步，也得以与银行财富管理站在公平竞争的起点上。

此外，台湾地区金融监管机构也同意自 2013 年 12 月 30 日起开放受托买卖业务相关人员兼办财富管理（信托）业务。如此一来，券商不但可以整合既有渠道资源，推动财富管理与信托业务，更有机会提升经营客户投资理财业务的竞争力，进而扩大财富管理业务的规模。

为增加投资者交易便利性及降低交割风险，台湾地区金融监管机构于 2015 年 5 月 28 日核准《证券商交割专户设置客户分户账作业要点》，让投资者可选择将交割款项留在券商的分户账中，银行不再是唯一的选择。

以往，客户卖出股票后，资金就回到银行。开放券商交割专户设置客户分户账后，券商不仅能掌握客户现金流情形，有助于降低违约风险，并可以根据客户资金状况，推介适合的理财产品；客户也能借由券商代为办理各类业务款项收付、简化交割流程，享受券商提供的一站式投资服务。

不过，实务上券商仍面临无法掌握大多数客户现金流与资产配置的难题。由于一般民众仍倾向于将钱存放在银行操作运用，在券商所开立的账户仅作为交割之用，因此，如何征得客户同意，将交割款项留在券商交割专户，是对券商的一大考验。

此外，券商的客户以股票投资者为主，大多是积极型投资者，追求短期获利，偏好短线操作，甚至是当日冲销，风险承受度较高，虽然会下单买入股票，却不一定会购买强调中长期获利的基金、保险等金融产品。对于证券业务人员而言，如何转换心态，帮助客户创造更高回报率，提供不同于银行和保险业的差异化服务，亦是不小的挑战。

▶ 银行、保险、证券及基金业各拥利基

在银行、保险、证券及基金各行业相关的财富管

理规定都陆续开启后，财富管理市场正式进入"战国时代"。目前，台湾地区财富管理市场客层资产规模约在 300 万～3 000 万元。若从财富管理业务的角度来看，以银行所提供的产品线最为完整，加上因为掌握存款客户，较具有优势；保险公司主要从退休金市场切入；券商及基金公司则以多元投资产品满足客户需求。

迎接这场财富管理大战时，银行、保险、证券及基金公司都是先以原来的客户属性作为基础，然后再逐渐强化，进而扩大客户来源。例如，券商为股市的主要投资交易管道，既有客户承受风险的能力较强，在协助客户投资理财规划时，能有较大的弹性，积极型的投资者也比较愿意接受券商管理资产。保险产业具有保险保障的经营特性，又有庞大的业务人员作为营销及推广金融产品的渠道，能为客户提供个性化的理财规划，满足特定的理财需求，对于以保本为主的客户较具有吸引力。

基金为台湾地区人士主要的投资工具之一，基金公司专门销售基金，尤其是在以稳健获利为主要目标的定期定额基金市场掌握较大优势。不过，即使当局已开放基金和证券公司经营财管业务，至今绝大多数投资者仍偏好通过银行购买基金。事实上，通过银行申购基金，普通投资者的手续费通常只有 5～6 折，高净值客户才享有 3 折的优惠；而券商与基金公司合作所设立的基金平台，手续费优惠大多可低至 2～3 折以下，通过平台下单相对优惠许多。

除了手续费外，投资者通过银行购买基金，银行会加收信托费用，附加费用较高，但因台湾地区分行网点多，交易的便利性较高。而基金公司虽然手续费折扣优惠较多，却渠道少，加上往往只销售自家产品，产品线多半不足。

然而，由于所有资金流最后都要经过银行处理，相比之下，银行最能掌握客户的财务状况，可实时针对客户资金情况，提供差异化的理财规划。此外，银行长期以来代销基金、连动债、保险等金融产品，对其他渠道的产品较熟悉，一般民众对银行的信任度也较高，使得银行拥有较多的优势。各类金融机构经营财富管理业务的优势与劣势比较见表 4-1。

表4-1 金融机构经营财富管理业务比较

	银行业	保险业	证券业	基金业
优势	掌握客户资金情况,产品线较齐全,分行网点多,交易便利性高	业务人员与客户建立长久关系,在退休金市场较有发挥空间	客户风险承受度较高,投资操作较有弹性;可代销基金,与基金公司合作	在定期定额基金市场掌握较大优势,手续费折扣优惠较多,能吸引追求稳健获利的投资者
劣势	加收信托费用,附加费用较高	碍于监管,无法直接向客户经销基金产品,须与基金公司合作	客户以股票投资者为主,会下单买入股票,却不一定会购买基金、保险等金融产品	通常只销售自家产品,产品线略显不足

▶ 对人的信任,才是最终胜出关键

在各类金融机构竞相投入财富管理市场之际,投资者不禁要问:"我的钱到底要交给谁管理比较好？"

其实，台湾地区金融控股公司的同质化程度高，银行、保险、证券及基金等产业的区别不大，只是渠道的差别而已。可规划的理财产品也大同小异，不外乎保险、基金、股票、连动债及其他衍生性金融产品。

此外，经过全球金融海啸的震撼教育，以往投资者盲目追求高回报率的状况已被打破，取而代之的是风险管理与资产配置的观念。因此，理财规划师的专业性及取得客户的信任，才是财富管理业者最后能够胜出的关键。在西方发达国家，顶尖的理财顾问往往可以做到 60 岁甚至是 70 岁，服务客户长达三代以上，可见信赖是财富管理最重要的基础。

值得提醒的是，做理财规划时抱持错误心态，比完全没有理财规划还要可怕。例如，假设遇到某个理财顾问在两到三只基金扣除申购成本可净赚 2% 后，就建议客户赎回，进行更换基金的操作，对这种"专家"投资者最好还是避而远之。

在理财规划的正确观念中，资产管理规模才是关

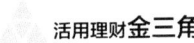

键。因为真正的财富管理应做整体性考虑,追求稳健获利,重视中长期资产管理,而非短线进出。好的理财规划师应该要像私人管家一样,为客户的资产善尽把关之责。

第 **5** 章

主要理财工具介绍

5-1 共同基金简介

在全民理财风气带动下，共同基金已成为台湾民众不可或缺的投资理财工具之一。1822年，荷兰国王威廉一世创立了世界上第一只共同基金，但当初设计为私人拥有，而非大众化投资工具。

工业革命后，英国中产阶级积累大量财富，随着国力扩展，资金由英国流向美洲、亚洲及欧洲其他地区。但因对海外市场不熟悉，致使英国人追逐较高利润时，必须承受不小的投资风险，所以钱财遭骗或财富缩水的事情时有发生。

为保障投资安全，投资者开始寻找值得信赖的专业人士，委托其代为处理海外投资事宜，并签订信托契约，此为投资信托事业的滥觞。不过，一开始尚未有公司组织，仅是投资者与代理投资人之间的信托契约。直到1868年，在英国始有伦敦国外及殖民政府信托（Foreign and Colonial Government Trust of London）的创立，以国外殖民地的公债投资为主，堪称是目前文献记载里最早的证券投资基金公司组织。

▶ 集合众人资金，用小钱理大财

所谓共同基金，就是集合社会大众的资金，通过专业基金经理人及研究团队，为受益人从事选股与投资，其投资的收益和风险由投资者共同分担。

共同基金的组成及运作，主要是建立在"经营与保管分开"的原则上。基金公司只负责基金管理与操作，下达买卖指令，并不实际经手基金的资产；托管银行则仅负责保管基金资产。这样做的好处是可将资金交由专业人士协助管理，同时兼顾资产多元配置和降低投资风险。

然而，天下没有免费的午餐。投资基金也得负担相关成本与费用，例如申购手续费、基金管理费（又称经理费）及托管费等。申购手续费依收取时点，分为前端收费或后端收费。购买基金时，先收取一笔手续费，称为"前端收费型基金"；申购时先不收取手续费，等到卖出时才收取，甚至为鼓励投资者长期持有基金，多半提供手续费递减优惠，也就是持有越久手续费越低，此为"后端收费型基金"。

近年来，后端收费型基金引发不少消费纠纷。原因在于有些投资者不希望尚未开始投资就先支付手续费，于是银行客户经理改为推荐看似免收手续费的后端收费型基金。加上人们投资偏好短期获利，习惯把共同基金当作股票操作，以至于持有时间偏短，提前赎回时须支付一笔手续费及分销费等隐含费用。

除了申购手续费外，基金管理费与托管费为基金的固定开销成本，在净值计算前已先从资产中扣除，所以不影响基金的每日净值。但实际的管理费及托管费费率因基金类型不同而有所差异，投资前应详细阅读基金产品说明书。

▶ 基金种类琳琅满目，睁大眼睛看清楚

多数投资者通常只在乎基金净值涨跌，却忽略了所申购基金的类型，以及基金的投资标的、产业和地

区。市面上基金种类琳琅满目，大致可分为四大类，投资前需要睁大眼睛看清楚。

一、股票型基金

以股票为主要投资标的，目前除了基金公司本身发行的股票型基金外，也有境外代理的基金，投资标的种类和产业更多元化与国际化。

二、平衡型基金

以股票与债券为主要投资标的，基金经理会根据市场表现来调整股票和债券比例。根据目前规定，平衡型基金指同时投资于股票、债券及其他固定收益证券达基金净资产价值 70% 以上，其中投资于股票金额占基金净资产价值 90% 以下且不得低于 10% 者。

三、指数基金与交易型开放式指数基金

指数基金的持股成分及比例完全依据某一市场指数的投资组合而变动，目的是要达到与指数相同的收益水平，属于被动式投资的共同基金。例如，元大台

湾加权股价指数基金追踪的是台湾加权股价指数,所以两者绩效会趋于一致。

交易型开放式指数基金（ETF）也是追踪指数,但与指数基金的差异在于 ETF 可在证券市场买卖。在台股挂牌的元大台湾 50（0050）、元大高股息（0056）都属于 ETF,买卖方式类似于股票,投资者可通过券商交易。

四、组合型基金

组合型基金又称为基金中的基金（FOF）,投资标的为基金,而非个股。组合型基金可使投资配置更多元化,但有些人会有重复收费的疑虑。目前主管机关严格规定,组合型基金若投资于基金公司自己发行的基金时,不得计收经理费;若投资于非经理公司基金,可依规定收取 0.5%的经理费;手续费、保管费则与其他共同基金一样。

▶ 善用衡量指标,挑选基金标的

评估一只基金是否值得投资,除了基金净值之外，还有一些重要参考指标，包括标准偏差、β 值、夏普指数及特雷诺指数。

一、标准偏差

　　根据基金净值于一段时间内波动的情况所计算而来。标准偏差越大，代表净值涨跌越剧烈，波动风险也越大。实务上，可进一步运用"单位总风险回报率"（将回报率除以标准偏差）的概念来衡量投资者每多承担一单位风险可获得多少回报。

二、β 值

　　用以评估系统风险，并衡量基金相较于整体市场的波动风险。β 值越大，代表风险也越高。如果 β 值大于 1，表示当大盘上涨 10% 时，该基金上涨幅度会超过 10%。假设 β 值为 2，代表当大盘上涨 10% 时，该基金上涨幅度会达 20%；反之，当大盘下跌 10% 时，该基金会跌 20%。

三、夏普指数

指投资者每多承担一单位风险，可获得的高于无风险利率（如定存利率或政府公债）的回报。超过的回报即"超额回报"，计算公式为：

夏普指数=（基金收益率-无风险利率）÷
基金标准偏差

若该指数恰好为零，表示每承担一单位风险所得到的超额回报和银行定存利率相同；若指数为正数，则投资该基金回报较定存高；若指数为负数，则意味着投资这只基金收益不及定存。

四、特雷诺指数

用以衡量每单位系统风险的超额回报，计算公式为：

特雷诺指数=（基金收益率-无风险利率）÷ β值

特雷诺指数适合用来评估已分散风险的投资组合，该数值越高，代表投资组合绩效越好，通常当评估的投资组合只占投资者庞大投资组合的一小部分时更适合使用。

　　至于基金组合的投资策略，建议先设定股债比例（风险偏好），然后再挑选区域、产业及币别。通过此种投资组合及定期转换的再平衡策略，加上中长期的时间复利效果，投资者将可达到稳健获利的目标。

5-2　储蓄保险简介

　　面对低利率的环境，许多人难免感慨："定存利息实在少得可怜""物价上涨，手上的钱变得越来越毛"。若希望自己多年的积蓄既能稳健增值，又能保本，不少人会联想到购买储蓄保险（简称为储蓄险）。

　　关于储蓄险，一般人最常听到的推销语之一是："储蓄险兼具储蓄与保险的功能，是很单纯又安全的产品，可稳赚不赔！"的确有不少人坚信，在不懂投资理财又有强烈储蓄需求的情况下，储蓄险是不二选择。

然而，事实真的如此吗？

▶ 依不同需求挑选储蓄险种

顾名思义，储蓄险是结合储蓄和保险功能的险种。但其实市面上并无写着"储蓄险"三个字的保单，而是只要"保单价值准备金"（简称保价金）能不断累积滚存的保单，都可统称为储蓄险。

换句话说，只要具备"保费能不断累积且可拿回"特色的保单，不论是到期后一次性领取、每年领取一笔祝寿金，还是缴费期满后可部分领取所缴保费，都是储蓄险。

若依照还本的功能，储蓄险可分为"生存领取"、"生存及身故皆可领取"两种，前者称为生存险，后者则称为生死两全保险。

生存险指期满领取保险金的储蓄险，通常是受益人在一定期限后（如6年）可获得一笔资金，用作婚嫁金、子女教育金、退休金等。此类型的保险，当被保险人身故时，通常领回的身故金是保额，只略高于总缴保费。

生死合险则是被保险人活着期间可以每年领取生存金，可能是一次性或分次领取，而被保险人身故时还可领回已缴的保费或保价金，尽管保费较贵，但因保障较完整，所以较受欢迎。兼具保障与储蓄养老等两种特性的生死合险，又称养老险。

若依照缴费年期，储蓄险可分为短期和长期。短期储蓄险的保障有一定期限，可能在缴费期满时或缴费期满后一定年限内，就必须一次性领回保险金与利息，之后无任何保障。例如台湾地区曾热卖的邮局六年期储蓄险，就是许多老年人和上班族强制储蓄的好帮手。

长期储蓄险则指缴费期满后，保障可持续至终身。依保障方式不同，长期储蓄险又分为增值型、还本型、利变型等。增值型会把利息加入本金进行复利滚存；还本型则是将利息当成生存金直接给付受益人，不参与复利。利变型除了预定利率之外，还有浮动的宣告利率。但值得提醒的是，无论是预定利率或宣告利率，其实都是保险公司的投资回报率，而非受益人可得到的实际回报率。

储蓄险种类对比可参见表5-1。

表 5-1　储蓄险种类对比

	短期储蓄险	长期储蓄险
保障期限	有限，通常是 6～15 年	终身
保险金给付	一次性领取	分期或分次领取
适合族群	适合在到期后希望有一整笔资金可运用者，例如将资金用于出国旅游、购车、结婚及购房等	适合希望定期领取本金者，比如资金用于子女教育金、退休金及年金等
商品种类	6 年期、10 年期、15 年期养老险	增值型、还本型、利变型等储蓄险

▶ 预定利率不等于实际回报率

利率是购买储蓄险的诱因，但同时也是风险。市售储蓄险多以"可提供比当前定存更高的利率"为主要特点，不过利率会随着宏观经济好坏及央行利率调整而波动，像是利率上升时，选择长期且固定利率的储蓄险，反而容易被套牢。因此，购买储蓄险之前，应先了解预定利率和宣告利率并不等于实际回报率。

在投保时，保险公司会允诺给予预定利率，且不得随意变更。此固定利率为计算保费的基础，预定利率越高，保费越低，代表可用较低的保费，达到较好的储蓄效果。此外，该利率也适用于计算每年的增值解约金。但预定利率并不等于投资回报率，因为投保人所缴的保费须先扣除行政及保单成本后，才能依预定利率计算投资回报率。

宣告利率为浮动利率，通常用于利变型保险产品。其算法有两种，一是跟随指标银行的利率变动，二是随着保单本身的投资绩效而波动。宣告利率也不等于实际回报率，所缴保费须先扣除行政成本及附加费用后，才依宣告利率计算利息。由于宣告利率并非固定数值，约每年或每月宣告一次，大家可至保险公司官网查询真正的宣告利率。

▶ 储蓄险的储蓄意义大过保障功能

台湾地区人士投保时长期偏好购买有储蓄及还本功能的保单，使得储蓄险始终是热销产品；再加上遗赠税、房屋税及地价税近来逐渐调高的趋势下，储蓄险成为高净值人士税务与资产规划以及指定分配时的重要工具。但事实上，储蓄险着重于储蓄功能，大过保障目的，它虽然能锁定回报率，可是一旦利率上升，就会面临利差损失的风险。

更重要的是，购买保险的根本意义应在于提供保障，最终目的是防范将来有一天可能发生自己无力应付的重大意外事故而提早做准备。因此，保险的保障功能亦不容忽视。规划储蓄险之前，投资者仍应与寿险顾问讨论，方能达到"保障兼储蓄，平安又保本"的目的。

理财小叮咛

购买储蓄险时，应注意以下事项。

1. 保本至上：建议选择短期本币储蓄险，以降低汇率风险。

2. 短期储蓄险为优先：除非是针对退休金规划，否则以短期储蓄险为宜，可减少利率变动与提前解约的风险。

3. 避免提前解约：投保后若提前解约，通常无法拿回全部本金。因此当无力缴费时，为避免损失，可选择自动垫缴、减额缴清、保单贷款，最后才是保单解约。同时最好能坚持超过 4 年，才能把保本率提升至六成以上，将损失降到最低。

5-3　房地产简介

传统观念认为，买房既可保值又能增值，只要手上握有不动产，就是拥有财富的象征。由于"有土斯有财"的传统价值观深入人心，不少人深信："房价只涨不跌"、"要发财就要靠房地产"或是"房地产的投资回报率较高"。

回顾近年来台湾房地产市场，自 2003 年 SARS（重症急性呼吸综合征）疫情结束后开始上涨，其间虽因 2008 年全球金融海啸而急速回调，但在当局宽

松货币政策及遗赠税率下调带动下回升，致使历年
不动产价格几乎是"看回不回"。直到 2011 年当局
开始实施奢侈税、2012 年实价登记，加上 2014 年抛出
房地合一税议题，并于 2016 年正式实施后，台湾地区房
价从 2014 年才开始反转，显现出修正及盘整的迹象。

　　走了 11 年单边上涨的房市，如今已从卖方市
场转为买方市场，未来房市何时回暖，各界说法不
一。然而，将来若要选择房地产作为致富或退休理财
的工具，在房屋持有成本日渐提高的情况下，最好还
是审慎为宜。

　　中国不同地区投资者养老规划配置比例如表 5-2
所示。

表5-2　中国大陆、台湾地区、香港地区投资者养老规划配
置比例

排序	大陆	台湾地区	香港地区
1	保险（61%）	房地产（41%）	股票（94%）
2	定存（53%）	定存（38.1%）	基金（49%） （不含强积金或 公积金）

续表

排序	大陆	台湾地区	香港地区
3	房地产（50%）	保险（38%）	储蓄保险（30%）
4	基金（40%）	基金（27%）	定存（29%）
5	当地股票（29%）	当地股票（26%）	外汇（27%）

备注：调查市场涵盖中国大陆、台湾地区及香港地区，调查期间为 2016 年上半年。

资料来源：摩根资产管理。

▶ 中国台湾地区投资者退休理财最爱房地产

尽管房地产市场目前正处于回调阶段，但仍然无损于投资者对房地产的信赖。根据摩根资产管理公布的 2016 年中国投资者退休意向调查结果显示，在现行准备退休金的投资工具中，台湾地区投资者最注重收益，有高达 41% 的民众最爱的退休金理财工具是房地产。

基本上，提到"退休金"的来源，一般人最在意的是："能否有长期的收入？""退休金收入能否既安全又稳定？"因此，具有出租和增值收益的房地产，可谓是充分符合上述这两种退休金来源的条件。

在房地产之后，台湾民众选择的退休金理财工具，依次是银行定期存款、保险和基金。至于媒体最常报道的股票，则因股价波动较大、投资风险较高，只获得 26% 的民众青睐。

另外，根据永庆房产集团 2016 年第四季度网络会员调查，退休养老准备的最佳理财项目中，"买房地产收租"同样以 34% 获得压倒性领先，成为退休理财规划的首选，打败了股票、基金、债券及定存。显然，"养房防老"已取代"养儿防老"，成为台湾地区投资者退休理财规划的新趋势。

▶ "赚差价兼收租金"的机会变小

退休金规划首先重视稳定的现金流，因此许多人想通过房地产存退休金，期待每月能有租金收益，作为退休收入。除了收租金之外，台湾民众普遍相信拥有土地及房产，是进可攻、退可守的选择：在房价上涨时，可以出售赚差价；房市不景气时，则可以出租来收取稳定的租金。

不过，在未来几年内，这样的期待恐怕难以实现。首先，从储存退休金的角度分析，房地产的投资门槛较高，至少要存到 100 万元以上才足够当作购房首付款，所以不太适合想迈出积累退休财富第一步的新手。

其次，以前是零首付或首付款只要一成，几乎是无成本赚差价。但现在银行全面缩减房贷，首付款二到三成以上是基本要求，甚至有部分对象遭银行限制贷款，使得资金杠杆比率降低。

举例来说，若想要购买 2 000 万元的房屋，首付款约需要 600 万元，资金杠杆比率等于是 3.3 倍（2 000 万÷600 万）。贷款前两年的宽限期期间先缴利息不还本，如果在宽限期内将房子出售，每个月只需缴纳宽限期的利息，就能以小搏大，赚取转手利差。不过，现在银行提供的房贷成数只有六成至六成半，加上房价呈现持续下跌走势，想要"短进短出"投资，最后可能赔了夫人又折兵。

即使想要靠收租金带来稳定现金流，根据《全球房地产指南》（Global Property Guide）于 2015 年公布的亚洲房价租金比调查结果，中国台湾地区住宅租金回报率只有 1.57%，在亚洲及全球都是最低的。这样的租金收益率仅比 1 年期定存利率稍高，然而租金必须先扣除房贷、税金等成本，加上房屋需要维护，家具也会折旧，还得承担空租的风险。因此，通过投资房地产实现"赚差价兼收租金"的机会在变小。

▶ 税负调涨，房屋持有成本提高

少子化、人口红利减少，加上产业向外转移，投资者或多房屋持有者都可能面临房子租不出去的窘境。另外，若从台湾房地产持有成本来看，现阶段已经出现结构性改变，房地产已不再是高杠杆又轻税的资产。

首先，每年都要缴交的房屋税与地价税逐步调高。虽然大多数县市变动不大，但台北市非自住住宅如果超过三处以上，房屋税便调高至 3.6%，使得持有房地产的成本大幅攀高。

其次，在实价登记启动后，再加上 2016 年房地合一税正式实施后，不仅实价课税已逐渐成形，房地产买卖成本更明显增加。若在短期内买卖，将面临惩罚性高税率；自用住宅买卖也至少要持有 6 年以上，才能享有税率优惠。显然，房地产轻税时代已结束，从投资角度来看，房地产吸引力下降不少。

未来几年内，若要为退休生活做准备，房地产不见得是最理想的理财工具，因为必须要考虑到房屋税、地价税及财产交易所得税等因素。所以想要让"哑巴儿子"（房子）为退休账户日进斗金，保障退休生活，可得三思而后行。

5-4　股票简介

靠投资股票存退休金是许多人的梦想，历经网络泡沫、全球金融海啸及欧债危机后，"炒股"成为近年来最主要的投资方式之一。看到别人炒股，可以年领百万股息，总是让人既羡慕又心动。但事实上，并不是买进高收益率的股票之后，就能稳收股息、安心享受退休生活。

想要投资股票，首先得对股市有些基本认知，并愿意投入时间仔细研究、做功课。更重要的是，坐而言不如起而行，若没有亲自买卖过股票，就永远只是纸上谈兵而已。

▶ 台股为浅碟形市场，存在信息不对称

台湾股市为容易受到外界影响的"浅碟形市场"，易受不确定性因素操控，一有风吹草动或大规模资金进出，就容易出现剧烈的震荡。因此，当局相关政策可能会牵动股市氛围，就连外资、基金、自营商等三大类机构投资者的看法与动向，也经常备受个人投资者关心。

浅碟形市场最明显的特点之一，就在于信息不对称，常见的例子像是内幕交易。有些大股东或公司高管暗箱操作，隐匿对公司不利的消息，直到自己获利结束后，利空消息才见报。另外，有些人也可能利用法规不健全或漏洞，对特定公司"上下其手"，借以炒作股票。

由于台股大多为股本较小的中小型企业，除了各公司的信息较不易被市场发觉之外，如果发现企业的应收账款大多集中在海外子公司以虚报业绩，或将债务、亏损隐藏在下一季报表中，都代表是风险极高的地雷股。

由此可见，相较于大股东和三大类机构投资者，一般个人投资者在投资时，总是得面临信息不对称的残酷现实。为使投资者在信息取得上更对等，台湾证券交易所已于 2016 年 1 月推行"台股信息面暂停交易机制"，未来上市公司若因公布财报认列重大资产减损、减产或全部停工、申请破产或重组、讨论重大收购或兼并案，或证交所发现重大影响股东权益、股价的媒体报道，而无法于当日完整说明的，都应申请暂停交易。

此项新规可使投资者有充分时间来消化市场信息，思考信息对企业未来营运或股价的影响，避免在信息不对称的情况下"追涨杀跌"，甚至遭到平仓或套牢的命运。

▶ 投资股票一定要懂的四大财报

尽管个人投资者所得到的信息往往落后于大股东或三大类机构投资者，却可以学习其研究精神。首先，投资股票之前，一定要读懂**四大财务报表：资产负债表、利润表、现金流量表及股东权益变动表**。其次，也应了解市盈率、现金收益率等股票专业名词。

通过四大财报的内容，投资者便于掌握个股基本面，并懂得评估与分析该公司过去的营运绩效、承担风险的能力、未来的营运展望、管理者或经营团队的经营能力、公司的财务与变现能力，以进一步决定该只股票是否值得投资。

市盈率、现金收益率则可作为股票买卖的参考依据。所谓市盈率，是企业在某一特定时间内，股价相对于获利的比值，计算公式为：

$$市盈率 = \frac{股价}{每股盈余}$$

当股价处于低位，获利却维持高位时，此时市盈率会偏低，代表这只个股有逢低买进的投资价值；反之，当股价飙高，获利却没那么亮眼时，市盈率会偏高，意味着该只个股股价脱离合理价值，应逢高获利了结。

现金收益率则是定存概念股的重要指标，其计算公式为：

$$现金收益率 = \frac{每股现金股利}{每股股价}$$

以往，每年 6—9 月是除权息的旺季，但近年考虑到可扣抵税率减半，又要扣二代健保补充费的因素，越来越多的投资者放弃参与除权息。不过，现金收益率大于 4%～5% 的绩优好股，在市场低迷时仍会吸引不少投资者长期持有。

除了研究基本面之外，技术面分析也不可少。较基础的要看懂移动平均线、5 日均线、20 日均线、60 日均线、240 日均线，以及了解黄金交叉、死亡交叉等股市术语。

简单来说，移动平均线（又称为均线）是指投资者在过去某一段时间内买入股票的平均成本。5
日均线即为过去 5 天收盘价的平均值，又称为周线，
是极短线的防守点。20 日均线则是过去 20 天收盘
价的平均值，又称为月线。60 日均线为过去 60 天
收盘价的平均值，又称为季线，是中线的防守点。
240 日均线指过去 240 天收盘价的平均值，又称为
年线，是长线的防守点。通过这些技术指标，可借
以判断股价未来的走向。

在股票技术分析中，黄金交叉与死亡交叉也是
经常被提到的买卖信号。所谓黄金交叉，是指长期
的移动平均线下降趋势逐渐变缓，短期的移动平均
线向上走升并穿过长期的移动平均线，代表股价下
跌趋势已停止，可能即将展开一段涨势（见图 5-1）。
反之，死亡交叉则是长期的移动平均线上升趋势逐
渐变缓，加上短期的移动平均线向下跌破长期的移
动平均线，意味着股价上升趋势已停止，即将出现
一波跌势。因此一般认为，出现黄金交叉为买进信
号，出现死亡交叉则为卖出信号。

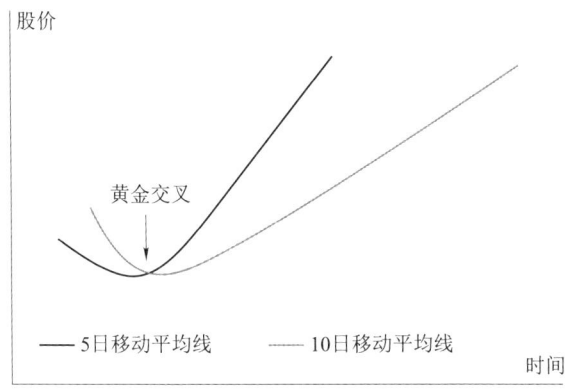

图 5-1　移动平均线的黄金交叉

▶ 股票只数不宜过多，留意交易成本

　　了解股票的基本面与技术面后，最重要的还是实际行动。基本上，从资产配置的角度来看，股票投资的可动用资金应占总资产的 15%～20%，而同时间持有的股票只数不宜过多，建议以 5～6 只为佳，如此才能避免资金过度分散而无法达到扩大获利的效果。

　　买卖股票时，也应留意交易成本，在台湾地区，包括付给券商的手续费、缴交给当局的 0.3%证券交易税（简称为证交税）。若有参与当年度的除权息，领到的现金股利和股票股利，在申报综合所得税时，要列入"营利所得"项目计算综合所得总额，再以个人适用的课税级距申报所得税。而领到股息超过 2 万元时，还要被课征 1.91% 的二代健保补充保费。这些交易成本都是不能忽略的小钱。

理财小叮咛

股市为杀戮战场，与其听人"内幕消息"，不如自己认真分析研究。除了定期阅读财经杂志，吸取股市相关信息之外，由中国台湾大学会计系教授刘顺仁撰写的《财报就像一本故事书》、知名讲师林明樟所著《用生活常识就能看懂财务报表》，亦是值得一读的好书。

PART 2

理财操作
配置篇

第 6 章

股票与共同基金投资金律

6-1 股票投资实务与制胜术

投资目的在于增加个人资产、提高投资回报率。然而，投资者付诸执行时，难免会有盲点，比如买在高点、卖在低点、难以抉择买卖点、无法判断市场多空方向，或是资产配置不当等，以至于投资成效往往不如预期。那么，股票投资究竟有无制胜心法？

其实，任何人在投入股海前，都应先做好研究功课。除了必看四大财务报表之外，也要了解股票投资的基本面、分析面及筹码面等。只要练好这些股票交易必杀技，并做好风险管控，相信股票投资制胜绝非难事。

▶ 股票投资分析的三大工具

买卖过股票的人，应该都听过基本面、技术面、筹码面等三大投资分析工具。尽管这三种方法在观念及操作策略上迥然不同，但三者的共通点都是针对各种数字进行分析与解读。

所谓基本面，就是深入研究一家企业的内在价值；技术面则是通过分析过去股价走势，来预测未来股价涨跌；至于筹码面，主要是观察并研究主力的动向。在实务操作上，投资者可同时采用此三种分析工具，或依个人投资偏好，仅选择其中一种方式。

基本面分析

基本面分析通常是从"宏观经济、产业趋势、个别公司"这三个层面，来分析一家企业的获利能力，以找出真正的内在价值。因此，拥护基本面分析法的投资者，又称为价值型投资者，最著名的代表就是股神巴菲特。

价值型投资者相信：**一家企业的股价终究会回归公司的基本价值。**不论"价值投资之父"本杰明·格雷厄姆所虚构的角色"市场先生"（Mr. Market）如何喊贵或便宜，价格始终都围绕在股票的基本价值上下，所以只要懂得善用市场先生的特性，就有机会从中获利。

　　为追求中长期获利，价值型投资者会先通过企业的财务报表、整体产业的前景等资料，评判出这家公司的内在价值。然后在股价低于内在价值时买进，直到股价高于内在价值时再卖出。此即为所谓的基本面分析。

　　从事基本面分析的投资者，必读四大财报。分析重点包括：营业收入、每股盈余、市盈率、营业成本、土地资产、毛利率、除息除权、董监事改选、股东会，以及应收账款周转率、存货周转率的趋势变化等。

　　观察任何一家公司的营运表现，以营收为王。因此，营收、每股盈余的年增率（YoY）、季增率（QoQ）都是重要指标。不过，要特别提醒读者的是，在观察营收（利润表）、应收账款周转率（资产负债表）时，应搭配现金流量表一起解读。唯有如此，才能真正看出该企业是否赚钱，毕竟企业有现金流才是王道，经营才能长久。也许利润表的主营利润可以美化修饰，可是现金流量不容易动手脚，所以如果看到营收增加，应收账款净额却未同步增加，甚至过不久便核销呆账，代表有账目造假嫌疑，应避免投资。

另外，衡量一家公司的偿债能力，有三大指标，分别是流动比率、速动比率及利息保障倍数，在下一章将做详细说明。

投资个股时，还要研究产业趋势，包括智能手机、人工智能、智能机器人、电动车等，以及区块链兴起后所受惠的产业，都是近年来值得关注的焦点。

技术面分析

技术面分析，主要是借由研究过去的股价走势及价量等信息，来决定股票买卖的时机点，以及判断股市未来可能的趋势。技术派认为，所有的数据都是以成交量和股价为基础，没必要再深入研究基本面。因此，技术面分析着重于短期股价变动的预测。

学会看 K 线图，是一切技术分析的基础。K 线图（又称蜡烛图）是根据股价一天走势的 4 个价位——开盘价、收盘价、最高价、最低价所绘制而成的，如图 6-1 所示。开盘价与收盘价会构成 K 线图的实体（或称为蜡烛本身），收盘价与开盘价的差距越大，蜡烛本身就越长，反之则越短。蜡烛两端的烛芯则分别称为上影线及下影线，其顶端、底端则分别由最高价、最低价所决定。如果收盘价高于开盘价，涨了就是红色（或空心图），即为"阳线"；收盘价低于开盘价，跌了就是绿色（或实心图），称为"阴线"。

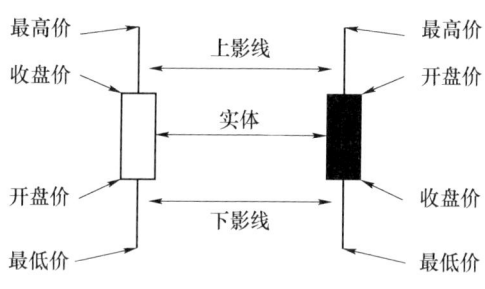

图 6-1　K 线图中的"蜡烛"含义

另一个常见的技术指标是移动平均线（又称为均线），代表投资者在一段时间内买入股票的平均成本，可借此判断股价未来的发展趋势。以台股为例，常用的均线包含 5 日线、10 日线、20 日线、60 日线、120 日线、240 日线。这 6 个常用的均线，又可分成短期均线（短线）、中期均线（中线）、长期均线（长线）。

短线为 5 日线、10 日线，表示过去 5 天、10 天收盘价的平均成本，因台股每周交易 5 天，所以 5 日线、10 日线又分别称为周线、双周线。中线为 20 日线、60 日线，代表过去 20 天、60 天收盘价的平均成本，又分别称为月线、季线。长线为 120 日线、240日线，代表过去 120 天、240 天收盘价的平均成本，又分别称为半年线、年线。

不过，技术指标也可能有失灵或不适用的时候，有的股市老手会开玩笑说："千线万线，不如一条内线。"其实，这句话凸显了线图只是历史的轨迹，最重要的是要了解每个指标背后的意义，否则在股市中只靠内幕消息或道听途说，等于是拿自己的钱在开玩笑！

筹码面分析

筹码面分析，即利用三大类机构投资者（外资、基金、自营商）与主力买卖指标，以及融资融券余额的变化，来判断股市未来动向。例如，股市在上升阶段时，外资、基金买超，融资、融券增加，代表是强势股，反之则为弱势股。

筹码派认为，有雄厚资金的人都是缜密布局，不会随意投资。他们甚至相信："在股市中，大金主可以'呼风唤雨'，影响股价变动，所以若能搭上主力（大金主）的顺风车，就有机会赚钱!"

价量分析指标中，除了三大类机构投资者买超卖超外，融资融券余额被视为个人投资者观察指标。融资增加或融券减少，代表个人投资者看多；反之，融资减少或融券增加，表示个人投资者看空。

因此，当股价上涨，融资余额减少且融券余额增加时，意味着个人投资者不看好该只股票，股市大户却觉得未来股价会上涨。相反，股价下跌时，融资余额增加或融券余额减少，反映个人投资者认为该只股票将来会大涨，但大户看空，认为未来股价可能大跌。

一般是用"券资比"来推测一只股票的未来走势。券资比的计算公式为：

$$券资比 = \frac{融券余额}{融资余额}$$

通常以 30% 作为分水岭。这项统计数据，可以作为分析股票融券是否偏高、股价未来是否有轧空机会的参考。券资比大，代表该股票被大量放空，也就是市场上有许多投资者以融券卖出此只股票。

三大股票投资分析工具基本面、技术面、筹码面比较如表 6-1 所示。

表 6-1　基本面、技术面、筹码面比较

	基本面	技术面	筹码面
难易度	高	低	中
投资时间	中长期投资	中短期投资	中短期投资
观察指标	营收、营业成本、毛利率、每股盈余、市盈率、应收账款周转率、存货周转率等	K 线图、5 日线、10 日线、20 日线、60 日线、120 日线、240 日线	融资融券余额、三大类机构投资者（外资、基金、自营商）及主力买卖指标

▶ 借"金字塔操作法"稳中求胜

若要按进场资金多寡来决定投资策略，可考虑采取"金字塔操作法"，又称为三角形操作法，也就是分批买卖法的变形，针对股价价位的高低来逐步向上减码或向下加码。

金字塔操作法又分为"正金字塔操作法"与"倒金字塔操作法",两种皆可作为进场策略。所谓正金字塔操作法,即一般大众常听到的"逢高卖出,逢低买入":在指数或股价低位时增加投资,也就是逢低加码;当指数或股价往上冲时,反而向上减码,甚至逢高卖出,将部分获利结算,再转进其他潜力股。

至于倒金字塔操作法,则是做多时,价格越往上涨,就加码越多;反之若做空,价格越往下跌,也就减码越多。这与当股价越高时要减少持股的正金字塔操作法恰好相反。不过,这种操作方式只适用于机构投资者或主力大户,原因有二:一是需要有大量资金,才有继续往下承接的本钱;二是需要有胆识,才不会在往下承接时认赔杀出。

▶ 股票投资制胜之道

在茫茫股海中,相信每个人都有一套生存哲学及技能。依我自己多年的投资经验,归纳出以下四大制胜之道。第一,买卖股票,一定要自己分析研究,不论是学习如何看懂财务报表还是参加读书会,都有助于提升自己的判断能力。第二，最好选择自己熟悉与了解的产业。第三，同一时间切勿持有太多只股票。第四，重视风险管控。

很多人觉得财报犹如天书，令人不容易亲近。事实上，财报也可以像故事书一样，用浅显易懂的文字描述一家公司的营运动向与财务状况。不过，故事可不是听懂就好，投资者还得分析当中究竟有几分是真，有几分是假。尽管学会分析财报内容无法立即产生获利，却是投资者想要在股海中安身立命的第一步。

股市老手多半专注在少数几只个股上，如此才能集中火力，长期追踪自己熟悉的企业；当市场出现变化时，也才能做出正确的判断。此外，能在股市中长期屹立不倒的赢家，通常都很重视风险管控，一旦看错趋势或选错股票便立即止损。毕竟"留得青山在，不怕没柴烧"，保全资金，才有机会参与下一波行情。

理财小叮咛

投资未上市公司股票，要承担较大风险，除了买高卖低或易买难卖外，甚至可能因上市遥遥无期，股票变壁纸，最后惨赔收场。因此，建议避免购买未上市公司股票，如有任何疑问，应先向金融管理机构查询，以免血本无归。

如果没时间研究股票，不妨考虑投资指数基金，只要了解整体经济前景及追踪大盘多空方向，就能判断进出场的时间点。例如，台湾50（代号0050）不仅交易成本及手续费较低，而且每年配息，可稳健获利。

一般来说，台湾50的股价乘以125倍至135倍，即为台湾加权股价指数。2003年，台湾50首日挂牌参考价为36.96元，观察其股价走势可发现，当价格落在50～55元区间时，就可以进场。一旦价格高于此区间，最好先观望或趁势减码，待价格回落到55元以下时再买进。目前，台湾50股价已超过80元，显示台股过热，应暂停买进，不宜再追高。

6-2 基金配置的方法

投资基金并在单一年度赚 3%～5%，听起来似乎没什么了不起。但如果投资 10 年以上，年年都赚到 3%或 5%，大家不妨扪心自问："以我目前手上的基金投资组合，有办法做到吗？"如果过去 10 年来只是跟着市场涨跌而进进出出，肯定行不通。究竟有没有简单可行的方法，让自己年年都赚 3%或 5%，甚至是 10%呢？

其实，想要在投资市场中取胜并不难，首先要回归到资产配置的原则。请谨记：即使是定期定额基金投资，也应事先做好资产配置。其次，要提醒投资者的是，即便是绩效表现很好的基金也可能会下跌，所以请谨守"高点减码""低点不中断"等原则，才能确保自己在投资路上一路顺畅。

▶积累一定资产再做配置

投资理财的目的是让资产加速成长，但最怕在投资时冒进，忘记管控风险，结果导致资产不增反减。在担任理财规划师的多年实践中，我发现许多投资者经常犯下同样的错误，就是未事先做好资产配置。

一般人认知的资产配置，只限于如何分配投资资产的比重。比如，总投资共 100 万元，其中股票占几成，债券或基金又占了几成。但这其实不能算是整体性的资产配置。

正确的资产配置，应该考虑的第一个问题是：我有多少钱，或是该拿出多少钱来投资？先将自己及家庭的所有财产放在一起检视，才能实际算出自己或整个家庭究竟有多少能力可以投资。

该如何计算有多少钱可用来投资呢？本书前文曾建议从年收入来看，假设每年收入扣除生活费、房租或房贷、保险费、子女教育费、紧急备用金等必要项目后，可留下 8 万元，这笔闲钱就是可用来投资的金额。

但 8 万元就能直接做资产配置吗？其实不然，真

正的资产配置，必须是积累到一定程度的资金才可做，
例如资产积累到 100 万元或 300 万元，也就是人生的
第一桶金。等到拥有一定程度的资产之后再进行资产
配置，这样才比较有意义。如果只是每月定时定额购
买 4 只基金，但全都属于股票型基金，或全部是新兴
市场基金，这些情况都不能称为资产配置。

　　因此，趁年轻时，无论如何都要想办法先存到
人生第一桶金，至于该怎么做，在下一节将有详细
说明。

▶ 基金配置的重要步骤

　　理财规划的核心在于资产配置，基金投资亦是如
此。如果没有事先做好资产配置并分散风险，往往股
灾一来便统统"住进套房"。尤其是有些投资者总是喜
欢疯狂抢进科技股基金或产业型基金，最后常是套牢、
惨赔收场，资产大幅缩水。

　　然而，基金配置绝非是每月花 1 万元买两只基
金，或是多拿出 2 万元加买几只基金而已，更不是
各家基金公司的基金产品各买一只就好。投资基金

时，必须善用正确的资产配置方法及步骤，同时谨记基金持有数量不宜超过 5 只，以免无法照顾得面面俱到。更重要的是，一只基金赚很多，不足为奇；整体基金投资组合都赚钱才实在！

诺贝尔经济学奖得主马科维茨（Harry Markowitz）曾形容资产配置是"无须增加风险就可提高回报"的投资方法，并将此喻为"现实经济世界里，稀有的免费午餐"。也就是说，理财成功的关键，既不在于选股，也不在于选对买卖时机，真正的重点在于资产配置。唯有做好资产配置，才能克服市场波动，让自己的资产在多头时钱滚钱，空头时又抗跌，达到长期稳稳赚的目的。

因此，正确的基金配置步骤，首先是决定股债比例，依每个人的投资目的来决定股债百分比，并设定整体投资组合的回报率。其次是选择投资标的，接着才是投资区域及计价币别。

投资方式可分为单笔申购、定期定额、类全委保单（详见本节末"理财小叮咛"）等。特别要提醒的是，单笔基金投资一定要设定止盈止损点，否则下跌严重时可能永远无法回到初始水平。像是过去广受投资大众欢迎的贝莱德世界矿业基金，自从在全球股灾时一路狂跌后，基金净值至今仍在低位徘徊，究竟未来何时才会反弹，相信是许多投资者心中的疑问。

此外，定期定额投资基金则要做资产再平衡，每年定时检视投资组合的绩效表现，并适时调整投资内容，以期更接近理财目标。以我的客户自身经验为例，在变额年金险中，先做好资产配置，并设定基金投资组合，加上每年定期做资产再平衡，经过 10 年后，每年年化回报率约 3%～5%。由此可见，妥善做好基金配置，加上定期定额投资基金，就可实现稳健获利。

▶ 琳琅满目的基金种类

在选择投资标的、区域及计价币种之前，投资者须先了解各类型基金的属性，分清究竟是积极型基金、保守型基金，还是稳健型基金。另外，最好详阅基金招募说明书，以便深入研究基金种类、产品内容、投资标的等重点。

市面上的共同基金种类繁多，依照投资标的、特色、产业类别、配息方式不同，各有其优缺点，投资者应视本身投资目标和风险承受度，来选择适合自己的共同基金。

若按证券投资信托暨顾问商业同业公会（简称投信投顾公会）的基金分类，以基金类型来划分，包括：股票型、固定收益型（又细分为一般债、高收益债、新兴市场债）、平衡型、货币型、组合型、ETF 等。

依投资地区，则分为全球型、区域型及单一国家型。全球型又细分为成熟市场、新兴市场及混合型。区域型则分为北美、成熟欧洲、亚太（不含日本）、亚太（含日本）、大洋洲、新兴欧洲、新兴拉美等。单一国家型常见的有日本、韩国、泰国、印度尼西亚、印度、美国、澳大利亚、俄罗斯等。依计价币别，最常见为美元、欧元、日元。

国外的基金种类及名称更是五花八门，例如主权基金、专门投资学生租房而获取固定收益的"宿舍基金"，以及专门投资军火、赌博、八大行业的"邪恶基金"等。

先前台湾地区保险公司和基金公司合作热销的

类全委保单，因有保单账户赔钱，遭金融监管机构紧盯后，已渐退烧。2017 年，改由连接目标到期基金的保单成为热门的新话题。这种新型基金，如富达目标 TM 基金 2020、富达欧元目标 TM 基金 2030 等，主要是随着人口老龄化应运而生，强调长期投资与资产配置概念，进可攻、退可守，正好能填补退休金缺口。

共同基金的种类如表 6-2 所示。

表 6-2　共同基金的种类

原则	分类	细项
基金类型	股票型	—
	固定收益型	又分为一般债、高收益债、新兴市场债
	平衡型	—
	货币市场型	—
	组合型	—
	ETF	—
依投资地区	全球型	又分为成熟市场、新兴市场及混合型
	区域型	分为北美、成熟欧洲、亚太（不含日本）、亚太（含日本）、大洋洲、新兴欧洲、新兴拉美等

原则	分类	细项
依投资地区	单一国家型	如日本、韩国、泰国、印度尼西亚、印度、美国、澳大利亚、俄罗斯等
依计价币别	美元	—
	欧元	—
	日元	—

资料来源：投信投顾公会。

▶ 稳住回报率，先买核心基金

　　当决定可投资金额及资产分配比重后，切记要先布局"核心资产"，稳住回报率，才能让"投资向日葵"的花心部分越长越大。对于资金尚不充裕的年轻投资者，建议核心资产不妨以定时定额投资股票型基金为主。定时定额投资，适合用来购买较积极的股票型基金，一来可以降低买贵的风险，二来因为每次投入金额较少，当账面上看到出现亏损时，心理上也比较能承受得住。

　　若能以定时定额布局股票型基金，长期投资下来，可达到年化投资回报率约10%的成绩，是积累资产的一大利器，适合有较长时间等待的年轻人。更积极一点的投资者，如果能在市场最差时搭配单笔加码，等到市场由下跌转为上涨之后，就可以获得更亮眼的回报率。

其实，投资理财说来并不难，难在无法严守纪律，克服心魔。最简单的方法，有时却也是最有效的方法。因此，投资者找到适合自己的投资方法与目标，是最重要的。如果没有太多时间研究市场，资产配置加上定时定额投资基金（见图6-2），可说是最简单可行的投资方法。

图6-2 共同基金制胜术三大步骤

理财小叮咛

类全委保单属于投资型保单的一种，在投保人选定保单的投资标的后，由保险公司委托基金公司全权代为投资。相较于代客操作的资金门槛上百万元，类全委保单的基金投资门槛相对低，一般单笔申购1万元、定期定额每月3 000元或5 000元以上。

虽然类全委保单附加类似基金"配息"的"资产拨回（提取）机制"，也就是经过一段时间后，保险公司会从保单的投资账户提取3%～6%的金额给投保人，投保人可选择领回现金或再转入保单加码投资，但其本质仍是投资型保单，而非银行渠道销售的固定配息基金，投资者需区别开。

6-3　靠定时定额投资基金积累人生第一桶金

许多理财达人的第一桶金，几乎都是靠定时定额投资基金积累而来。定时定额投资基金的好处，在于无须自己选股，每月固定从工资里扣款，加上只要长期投资、持之以恒，经过一段时间后，就能积累出一笔财富。

时间，可说是投资理财的魔术师。趁早开始投资，把握金钱的时间价值，才能利用小钱滚出大财富，创造人生的第一桶金。因此，无论是资金不充裕的社会新人、工作忙碌的上班族，还是希望每月有源源不断收入的退休族，都很适合采用定时定额投资基金法。只要能走过"微笑曲线"，相信有朝一日必能欢喜丰收！

▶ 什么是定时定额投资基金？

由于定时定额投资基金采取平均成本投资法，因此，长期下来，不但可以发挥降低买进成本的效益，还能有效减少投资风险。更重要的是，当市价高于平均成本后，投资者就可以开始获利。

目前，市面上定时定额投资的方式可分为 3 种。除了大家最熟悉的定时定额外，市场还提供定时不定额、定额不定时的做法，希望让投资者借此提高投资获利可能性。所谓定时不定额，是指每月固定时间扣款买基金，由计算机系统自动把关，市场下跌时积极加码，市场上涨时保守减码，以便最后可以积累到更多的基金单位数。至于定额不定时，则是指若每月固定投资 9 000 元，采取月初、月中、月底分别扣款 3 000 元，通过不同扣款日期来分散风险。

定时定额虽非保证投资收益的万灵丹，却是一种省时省力的操作策略，而且还有不少优点，例如：不用预测市场的高低点，也不用考虑进场的时机；可分期摊平投资成本，降低投资风险；积少成多，小钱也可以做大投资；以及拉长投资时间，创造出惊人的复利效果。

如果投资者进场后，开始面临基金净值波动，可能从初跌到深跌，曲线下行，涨回时曲线再往上升。这个由下跌到探底、再回升反弹的走势曲线，就像是微笑时的嘴型，因此定时定额投资法又被称为"微笑曲线法"。

然而，这是一种理想状况。实务上，大多数的投资者在净值下跌的过程中，往往会因负面情绪及各种不确定性干扰，而做出错误决策，很难耐心等到曲线上升，甚至无法走完一轮微笑曲线。这也是许多人做定时定额投资基金总是赔钱收场的原因之一。

▶ 人生第一桶金的六大秘诀

仔细分析在投资市场"赔多赚少"的原因，其实不外乎：未做资产配置及投资组合，全部重押某一类型基金；因大盘下跌，心生恐慌而中断投资，错过逢低摊平成本的机会；未严格执行止盈，想继续赚更多钱，结果反遇股市大空头而套牢其中。

由此可见，人性的贪与怕，往往是投资获利的绊脚石。不过，想要翻转个人财运、存到人生第一桶金，还是有机会的。这里提出六大秘诀，让你也能当个聪明的投资者。

秘诀一：设定目标

定时定额投资基金具有强迫储蓄的功能，想要借此来积累人生第一桶金并不难。首先，必须先设定理财目标。人生最重要的长期财务需求不外乎购房、子女教育、退休养老等，中期需求则有买车、海外留学或旅游等，这些理财目标都可以利用定时定额投资基金来实现。

然后，设定每月固定投资金额和期望回报率，注意要将通货膨胀率2%纳入考量。接着做好资产配置，并设定基金投资组合，再通过长期持有，就可以稳健获利，积累人生的第一桶金。

秘诀二：资产配置

依据个人投资属性与风险承受度，将定时定额投资基金以适当的比重分配到核心资产及卫星资产上。如果每月可投入的资金较多，不妨考虑分成三层配置：

核心 40%、次核心 40%、卫星 20%，或是核心 35%、次核心 35%、卫星 30%。

第一层"核心配置"为投资组合的"根基"，主要负责防御并确保整体资产安全。适合的标的通常是稳健增值、风险较低的基金，例如全球股票型基金、欧美成熟市场或平衡型基金。

第二层"次核心配置"则是投资组合中的"骨架"，兼具稳健与积极特色，通常以区域股票型基金为主。

第三层"卫星配置"为投资组合中攻击力最强的部分，以回报率较高、波动较大的基金为主，可由单一国家型、产业型、中小型股票基金组成，以强化投资组合的回报率，但比例不宜超过整体资产组合的30%。

秘诀三：及早开始，时间拉长

理财越早开始越好，而且基金投资需要耐心等待，只要能持之以恒、中长期持有，必能积累到一笔财富。可惜不少人习惯把基金投资当股票投资，持有时间都不够久，以为买进基金后抱上七八个月就算是中长期投资。

事实上，在投资之路上，时间的复利效果真的很重要，尤其是定时定额投资基金。曾有人问天才物理学家爱因斯坦："世界上最强大的力量是什么？"爱因斯坦的回答不是原子弹爆炸的威力，而是"复利"。

日本电子商务龙头乐天的社长三木谷浩史有句名言："1.01 的 365 次方是多少？"答案是 38。这是三木谷用来督促自己的公式，意思是只要每天进步 1%，持续改善 365 天，一年后自己的进步是现在的 38 倍。

将这两位名人的话应用于投资理财上，假设投入金额每天增加 0.6%，看似微乎其微，但 365 天后是原始资金的 8 倍；若每天投入金额增加 0.8%，同样微不足道，但 365 天后是原来资金的 18 倍。两者相差两倍多。越早开始投资，财务负担越小，因为"时间"就是财富积累的最大帮手。

因此，定时定额投资的效益一定要把时间拉长才能显现。任何一个市场都会有周期循环，若长期而言趋势仍然向上的话，定时定额投资基金最好持续扣款

3年以上，波动较大的市场可设定5年以上，才能得到较好效果。切勿因为市场走了一两年的空头，就认赔解约。

秘诀四：选对标的，并适时转换

按个人投资属性与风险承受度，选择适合自己的基金类型，例如较积极的投资者可挑选长期绩效表现良好的股票型基金，较保守的投资者则可考虑配息型的债券型基金。

全球股票型基金很适合定时定额投资，可作为核心持有。若要投资新兴市场，须留意是否有过度集中及重复问题，譬如同时买了新加坡基金、东盟基金，但其实东盟基金中有近五成的资金是投资在新加坡；或是既买新兴欧洲基金，又买俄罗斯基金，而新兴欧洲基金中有五到六成资金是投资在俄罗斯。

另外，定时定额投资基金不宜全部重押在单一国家如日本、印度，或单一产业如原材料、能源、矿业、散装航运、生物科技上，以免市场周期由高位反转而下，可能长期很难涨回来。此类基金较适合当作卫星资产，比重约占 10%～20%。

秘诀五：设定止盈止损点

无论是单笔投资还是定时定额投资，都要设定止盈止损点，并有纪律地执行。当市场或产业趋势由高位反转向下时，可先赎回部分单位的基金，并适时转换投资标的。

若是定时定额投资基金，在设定止盈点上，波动较小的市场如全球股票型基金可设定 10%～12%，风险稍大的区域股票型基金则设定 15%～20%。设定之后应依纪律执行，切勿涨到 10%时因市场行情乐观，就认为还会继续涨；看到上涨至 15%，心想幸好未卖出，结果更舍不得卖，想要等其涨至 20%再卖出。然而，事与愿违，可能涨到 19%时即为最高点，接着回跌至 11%，结果就错失第一时间的最佳卖点。反之，止损点亦然。

秘诀六：低点不中断，持续积累单位数

投资理财时，追涨杀跌是投资者常见的错误行

为。大多数人都是在低点时出场，要求他们在低点时进场加大投资，反而不容易做到，毕竟这是违反人性的。

由于定时定额投资基金是靠周期循环赚钱，所以无须考虑进场时机，即使是在高点时开始扣款，只要在市场走跌时持续扣款，积累基金单位数，就能降低持有成本，等到周期循环向上时，一定有机会获利出场。可是大多数投资者在市场从多头转空头时，可能因资金不够或缺乏耐心，无法强迫自己越跌越买，也就错失了摊平成本的最佳时机。

例如，每月以 10 万元定时定额买进全球不动产投资信托基金（Real Estate Investment Trusts，简写为REITs）。假设从 2007 年 11 月进场，当时净值 11 元，投资期间最惨曾下跌至三四元。如果你一跌就中断投资，经过 10 年后，净值回升到 11 元，等于几乎没有获利。但如果在跌到三四元时，你不仅低点不中断，甚至还进场加码，一旦净值反弹至 11 元，就有机会大赚 50%以上。

因此，定时定额投资基金，碰到低点时，切勿任意中断，如此才能积累到相对多的基金份额。只要选对投资标的，当市场下跌时，耐住性子，持续增加投资，等到未来市场转好，基金净值随之上扬，就能走完一轮微笑曲线，欢喜收割、微笑出场，从而成功积累到人生第一桶金！

理财小叮咛

　　钱少时，先从定时定额投资基金开始。不要小看一个月只投资 3 000 元或 5 000 元，时间所创造的复利效果可是很惊人的。钱多钱少并不是问题，关键在于自己的投资意愿，只要愿意开始迈出第一步，永远不嫌晚。

第 **7** 章

股票财务比率与基金绩效的衡量指标

7-1 选股时关键的基本分析比率

买股票前若要了解一家公司经营的获利情况与风险高低，详阅财务报表是最可靠的方法。投资者都知道，股票基本分析着重于财务面，能深入解读三大财报的重要科目，才是投资功力之所在。尽管财报被很多人视为落后指标，无法完全实时反映公司当前的真实状况，但一家企业是否会陷入财务危机，只要仔细去研究财报的某些科目，其实还是有迹可循的。

根据统计，截至 2017 年 12 月底，台股的上市公司合计已达 1 651 家，面对数量如此庞大的投资标的，投资者最关心的议题不外乎："依照什么标准筛选股票？哪些指标最重要？""股票基本面分析，必看哪些财务比率？""三大财报（资产负债表、利润表、现金流量表）中，哪些科目是必须研究的重点？如何解读其数字背后的意义？"

▶ 现金流量表：最重要的财务报表

在三大财报中，尤以现金流量表最重要。现金流量，代表企业资金的流入与流出。通过现金流量表，可看出一家上市公司在过去一段经营期间（如一季或一年），营运、投资、融资等活动所产生的资金流动变化，包括取得资金的来源及运用资金的方式。

详阅现金流量表，除了可衡量一家公司现金流量的好坏之外，还能看出有无增添生产设备，或是买卖股票、债券等投资活动；有无现金发放薪金、年终奖金及股东红利；公司业绩是蒸蒸日上，还是有破产危机。在市场不景气时，投资者更应检视公司各年度的现金流部分。

基本上，现金流量表分为营业活动、投资活动、融资活动。在现金流量表中，以括号或负数表示，就是现金流出（减项），反之为现金流入（增项）。

营业活动中，以应收账款净值最重要。当收到应收账款时，代表现金落袋，为现金增加；若以现金支付应付账款，则是现金减少。来自客户的应收账款增多时，代表企业营运扩张，但也表示应流入的现金目前仍在应收状态中，所以应收账款较前期增加的金额要以括号表示，表示现金尚未流入。

应收账款是一家公司的营业基础，如果应收账款增加却迟迟收不回来，最常见的原因是出货给虚设的海外子公司，也可能是做假账，根本没有交易。因此，一家公司如果连最基本的营运现金流量都不是正数，根本就不值得投资。

投资活动中，若有买入股票或其他投资，为现金流出；如果获利结算，则是现金流入。由投资活动的净现金流出或流入，可看出一家公司是专注于本业，还是热衷于主营业务之外的投资操作。若是后者，建议应少碰为妙。

由融资活动的现金流量，可得知公司向银行办理短期借款增减、发放员工及董监事薪酬、股东现金股利发放、现金增资或发行公司债等资金活动。若有向银行借钱、办理现金增资，或发行公司债、可转债，为现金流入；还钱给银行、发放董监事薪酬及现金股利，则是现金流出。

我们必须对现金流量表的年末净额与年初值进行

比较，才能知道公司一整年下来的现金流入与流出，
了解企业真正的营运状况。

▶ 善用三大财务比率，衡量企业偿债能力

在市场衰退时，若要检视一家公司是否会出现资
金周转不灵的问题，可从流动比率、速动比率及利息
保障倍数三大财务比率来分析，而这些比率同时也是
衡量一家公司偿债能力的重要指标。

流动比率

流动比率的公式为：

$$流动比率 = \frac{流动资产}{流动负债}$$

流动比率代表企业偿还短期债务能力的高低，是
衡量企业短期风险的指标。流动比率越高，表示资产
的流动性越大，企业短期偿债能力越强。

所谓的流动资产，是指企业在未来一年内很容易
变现的资产，包括现金、有价证券、应收账款、存货
等。流动负债则是企业在未来一年内要偿还的负债，

例如短期借款、应付票据等。这些科目的数据均可在资产负债表中得知。

一般来说，流动比率至少要在200%以上。流动比率大于200%，代表企业的营运资产在未来一年内所流入的资金流量充裕，足以清偿债务，不会发生"资不抵债"的问题。反之，流动比率小于200%，表示企业在未来一年内短期偿债能力不佳，资金吃紧，恐有财务危机。

值得注意的是，流动资产中，存货的变现能力较容易出问题。比如，智能手机、平板电脑等3C产品，因技术发展快，也许在仓库里放上3个月或半年，就成为滞销品，价值大不如前。因此，若流动比率是因存货大量增加而上升，其参考意义较低。

速动比率

速动比率的公式为：

$$速动比率 = \frac{速动资产}{流动负债}$$

速动比率与流动比率一样，都可用来衡量企业偿还短期负债的能力。一般要求速动比率必须大于100%，代表企业短期偿债能力佳，资金充裕，随时有能力清偿所有的短期债务。反之，若低于 100%，表示企业短期偿债能力差，资金紧张，可能有财务危机。

所谓速动资产，指的是现金、银行存款、债券、股票、应收账款、应收票据等能快速变现的资产。在计算上，速动资产因为扣除了存货，所以参考价值较高。另外，预付费用虽为流动资产，但实务上，由于金额通常很小，加上不可动用，即使不计入也不会有太大影响。

利息保障倍数

利息保障倍数（又称已获利息倍数）的公式为：

$$利息保障倍数 = \frac{息税前利润总额（EBIT）}{银行利息费用支出}$$

利息保障倍数是指企业向银行借钱做生意时，所赚来的息税前利润是否足够支付银行利息，为企业中长期营运财务指标。由于大部分企业都会举债经营，而举债就会产生利息，若还不上利息，则意味着企业经营能力不佳。

基本上，利息保障倍数须大于 5 倍，表示企业支付利息的能力高，债权人的债权受到保障，为可考虑投资的安全标的。反之，当利息保障倍数小于 2 倍，表示企业还不上利息，不易取得贷款，可能成为"地雷股"。

综上所述，一家公司只要流动比率低于 200%、速动比率小于 100%、利息保障倍数不到 2 倍，加上近一年来营收衰退，就意味着可能发生财务危机，投资者应避而远之。总结详见表 7–1。

表 7–1 解读三大财务比率背后含意

	流动比率	速动比率	利息保障倍数
代表意义	衡量企业偿还短期债务能力高低的指标	与流动比率相同	企业息税前利润支付利息费用的能力，为企业中长期营运财务指标
公式	流动资产÷流动负债	速动资产÷流动负债	息税前利润总额÷银行利息费用支出
基本要求	流动比率>200%	速动比率>100%	利息保障倍数>5倍

续表

	流动比率	速动比率	利息保障倍数
数据解读	流动比率＞200%→企业未来一年内短期偿债能力佳，资金充裕　流动比率＜200%→企业未来一年内短期偿债能力差，资金吃紧	速动比率＞100%→企业未来一年内短期偿债能力佳，财务无疑虑　速动比率＜100%→企业未来一年内短期偿债能力差，资金紧俏，恐有财务危机	利息保障倍数＞5倍→企业支付利息的能力高　利息保障倍数＜2倍→企业还不上利息，可能是"地雷股"

▶ 资产负债表必看重点

　　资产负债表是存量的概念，可显示一家上市公司在过去的某一特定日（如每季或每年最后一天），所拥有的资产、负债及股东权益状况。但期末余额仍要与上一年度相比（YoY），才具有参考价值。

　　资产负债表的分析重点，包括：**应收账款净额，存货净额（库存），财产、厂房和设备等固定资产，负债，股东权益，股本**等。

　　假设在资产负债表中看到现金净增加 100 万元，

你就要去判断这 100 万元是如何取得的——究竟是公司处置固定资产、买卖股票，还是对外举债而来？从现金流量表可以看出其来源。如果是处置厂房等固定资产，只能算是一时现金流入，不能反映公司主营业务状况。

▶ 利润表必看重点

通过利润表，可看出一家上市公司过去一段经营期间（如一季、半年或一年）的营运状况。利润表的分析重点为营业收入、营业外收入、毛利率、营业费用、非营业费用、税后净利润及每股盈余。

分析营收来源时，要区分是营业收入还是营业外收入。如果企业营收创新高，而且是因为本业获利，就称得上会赚钱的绩优生。反之，若营收来自营业外收入，包括处置资产、进行投资、外汇操作等，不论获利金额有多大，都不能视为本业经营的绩效，因为这种收入都是属于一次性的，非长期性收入。稳健的投资者不应将营业外收入列为评判投资的标准，更要小心靠营业外收入来美化账面的公司。

值得提醒的是，投资者借由财报来分析股票基本面时，切记不能使用单一数值来判断公司的好坏，而要在相同产业中进行多方比较，或是与公司本身过去的数据做对比。毕竟，产业特性、企业规模及税率不尽相同，只有在同一基础上比较，才能做出较准确的判断。

理财小叮咛

现金收益率高的定存概念股，一直广受股民喜爱。投资股票的先决条件是龙头股、公司治理良好、企业领导人形象佳，以及公司营运短期内不会受产业周期影响。

建议大家从日常生活中挑选可投资的标的，千万别碰自己不了解的产业，或是文创、生物科技等新兴产业。另外，当看到报刊媒体对某只股票大肆宣扬时，投资者对这种"羊群效应"宜多加戒备，因为这往往代表该只股票已涨到高点，股价可能随时反转而下。

7-2 用常识就能看懂财报分析

投资股票，除了要关心股价变化之外，还必须了解公司的基本面，探究其是否具有投资价值。试想，买一部智能手机或一台平板电脑前，你都会上网比价格、比性能，难道在买一只股票前，不用先详阅一下公司财务报表吗？

财报分析是投资者必备的基本功。然而，没有财务、会计专业背景的人，往往会觉得财报上的专有名词太复杂，数字太密密麻麻，犹如天书般难懂，让人一看就昏昏欲睡。

股神巴菲特曾说过："有些男人看《花花公子》，我看企业的年度报表……如果你不愿意用心学习会计，看懂、解读财务报表，就不该自己去选股投资。"

这些话道出了巴菲特之所以成为"投资之神"的原因，也彰显出财报分析对于个人及机构投资者而言都是必备的能力。因此，想要投入股市的人，就从现在开始学习看懂财报吧！

▶ 从日常生活中学习财报分析

大多数人学习分析财务报表时，难免都会遇到一些关卡，其中最难的就是会计科目，举凡应收账款、应付账款、资本公积、存货、资产、净值、营运现金流、投资现金流、融资现金流等，经常让人看不懂，背到头昏眼花。

事实上，财报、会计科目都只是工具而已，只要能了解一些最基本的概念与科目，就可以应用到股票买卖上或融入个人日常生活中。其实，除了企业外，个人和家庭也应该编制财务报表，建议可仿效公司财报的做法，把个人及家庭的财报分成资产负债表、收支表（相当于利润表）、现金流量表。

个人或家庭的资产负债表可显示自己及家人在某个特定的时间点所拥有的资产，包括现金、定存、股票、基金、债券、保险等，以及目前未缴清的信用卡账单、房贷、车贷等负债。用总资产减掉总负债，即为净资产，也就是真正的身家。

我们从每年年初开始，每天都记账，详列每一笔收入与支出，到了年底结算后，再与年初做比较，就是个人或家庭的年度收支表。从这些财报可以看出个人及家庭的资产配置和负债状况、是否分散了风险或是否会周转不灵，以及目前的现金水平等。

同理，一般人也可以从日常生活中学习企业财报分析。以现金流量表的营运现金流、投资现金流、融资现金流为例。小美开了一家咖啡馆，每天兢兢业业、努力赚钱，那么营运现金流就是"每月收进来的现金扣除花出去的成本"。如果营运现金流是正数，代表咖啡馆赚钱；若为负数，表示亏钱。

经营一段时间后，小美打算添购咖啡机、进口国外咖啡豆，这样的行为在现金流量表上代表的是"花钱"，所以投资现金流为负数。如果小美想要缩小营业规模，开始变卖咖啡馆的机器设备、桌椅时，在现金流量表上则是"收钱"，所以投资现金流为正数。

融资现金流是指营运现金和投资现金的财务调度

行为。简单来说，当资金不足时，就必须"向他人借钱"；但若赚大钱时，也可以"分红给别人"。

再以小美为例，假设她决定要扩大规模开分店，但手头现金不足，于是她向银行贷款或跟父母借钱，这样的行为会使现金流量表上的融资现金流为正数。因咖啡馆赚钱，小美能还钱给银行，或分红给爸妈，现金流量表上的融资现金流为负数。

可见，从现金流量表中可以找到一家公司经营的"秘密"。成长型企业通常具有以下特点：营运现金流为正数，代表公司赚钱；投资现金流为负数，表示生意越做越大，需要添购机器设备及扩厂；融资现金流为负数，代表有盈余，可分红给股东。反之，营运现金流为负数，代表公司亏钱；投资现金流为正数，表示靠着变卖资产来赚钱；融资现金流为正数，代表不断借钱、募集资金，这样的公司长期下来很可能周转不灵，成为"地雷股"。

▶ 解读财报数字需考虑产业差异

分析财报有助于投资者判断一家公司的好坏，但须提醒的是,在解读财报数字时,投资者应考虑到产业间的差异。

一般人谈起股票,开口总是先问:"毛利率?每股盈余多少?市盈率几倍?"此类投资者认为,这家公司去年赚多少钱、市场给予多少评价,是决定该公司股价的关键。

但假设两家公司的每股盈余十分接近,产业属性、产品内容、营业利润率等科目却不尽相同,这都可能导致两家公司的股价表现迥异。所以,我们选股不能只看每股盈余,还必须分析其他要点。

产业层面对公司的影响较大,投资者不得不慎重。举例来说,一般情况下公司存货过多、负债比率太高,通常会被认为是经营不善。但银行、保险等金融业,因没有实物产品,所以没有存货问题,加上是用别人的钱来营业,负债比率大多维持在 90%以上。所以,一家金融机构即便负债比率高,也不见得就会发生财务危机。

由于银行业是较特殊的行业,因此若要分析银行经营好坏,就要从逾期贷款率着手。逾期贷款率的计算方式为"逾期贷款金额除以贷款总额"，其可作为检视一家银行债权、授信质量的指标。

逾期贷款率的高低，表示一家银行收回贷款情况的好坏。若逾期贷款率低，代表该银行授信管控良好，将来欠债变成呆账的金额较少；反之，逾期贷款率高，则表示该银行授信放款管控不佳，未来欠债变成呆账的概率较高。一旦呆账太多，就会影响银行的获利与安全。一般而言，逾期贷款率在3%以下的金融机构，其授信质量较佳。

▶ 三大财报一起看，勾勒公司经营全貌

除了考虑产业类别之外，针对一家公司进行财务分析时，只看单一财报或会计科目，并不足以了解公司经营全貌，还必须要把三大财报——利润表、资产负债表及现金流量表——全部放在一起看，才能解读出数字背后所代表的意义。

个人投资者普遍的盲点是，三大财报中，只看利润表，却没有详阅资产负债表及现金流量表。如果个人投资者仅看利润表就贸然决定投资，买进一家公司

的股票，有可能发生该公司已经濒临破产，投资者却
不知道的情况。

在三大财报中，最重要的是现金流量表。虽然利
润表可以说明一家公司赚钱或亏钱，资产负债表可表
示该公司的资产规模及负债状况，但唯有现金流量
表，犹如财务状况照妖镜般，能让投资者看到其他财
报上未透露的经营端倪。毕竟，只有现金流量表上的
数字，才代表真正有该笔金额存在，而且能直接反映
出公司在这段时间内，究竟是流出去的钱较多，还是
流进来的钱较多。更何况，流进来的钱多也并非绝
对是好事，投资者还要记得检视到底钱是从哪里流进
来的。

举例来说，大多数投资者最关心的就是每年发放
的现金股利，尤其是连续好几年稳定配息的公司更被
视为定存概念股。配发现金股利的前提，通常是公司
要有盈余。但即使公司获利，如果没有足够的现金，
也无法发出股利。

因此，一家公司是否拥有可自由支配的资金，足
以每年稳定发放现金股利，要看其现金流量表。如果

一家公司的现金流为负数，却还能发放现金股利，那么很可能是靠借钱或增资来配息或配股。这种入不敷出的做法是很危险的。

此外，若要深入了解一家公司的经营全貌，建议投资者最好检视其近 5 年的三大财报，并分析数字背后的意义，这样才能切实掌握其整体发展状况及长期营运绩效，避免被一时的营收高所蒙蔽。

换句话说，只看数字的绝对值没有意义，而只看单一会计科目也没有价值，毕竟单一会计科目（如营业收入或应收账款净额）并不能代表公司的获利能力。所以，仅看单一数字、会计科目或财务报表，你将面临不小的投资风险。唯有把三大财报摆放在一起检视，你才能看见公司经营的全貌。

天下无难事，只怕有心人。投资股票也是如此。一个愿意花时间，认真努力研究利润表、资产负债表与现金流量表这三大财报的投资者，相信终有一日能破除数字魔障，财务报表将不再是天书。其实，只要掌握基本的财务、会计知识，并懂得加减乘除，财报分析也可以很简单。

理财小叮咛

企业举债经营，究竟是好是坏，可从财务杠杆指数来分析。财务杠杆是一把双刃剑，若适度举债，企业可提升获利，活化现金流；但如果过度举债，还不上利息，甚至侵蚀获利，企业反而更容易倒闭。

财务杠杆指数的计算公式为：

$$财务杠杆指数 = \frac{净资产收益率（ROE）}{资产回报率（ROA）}$$

若财务杠杆指数大于 1，表示举债有利于经营；反之，财务杠杆指数小于 1，代表举债不利于经营。

在分析 ROE 与 ROA 时，投资者也要考虑身份差异。例如，投资保险公司，一定要看 ROE，因为保险公司会拿保费（资产）去投资；如果是投保人，则要看 ROA，比如购买分红保单，投资后可获取多少回报。因此，数字高低背后的意义需要衡量及解读，这才是学习财报分析的真正目的。

7-3 通过基金衡量指标选出钻石基金

面对市面上琳琅满目的基金产品，投资新手难免不知从何下手。有些人想要通过基金绩效排行榜挑选适合自己的基金，也有些人参考全球两大基金评级公司晨星（Morningstar）的"星等评级"（Morningstar Rating），以及理柏（Lipper）的"理柏评级"（Lipper Leaders）来简易筛选基金。

除此之外，评估一只基金是否值得投资，还可以看基金净值以及一些重要的参考指标，例如标准偏差、β值、夏普指数、特雷诺指数等。由台湾大学财务金融系教授邱显比、李存修提出的"4433 法则"，是台湾地区投资者最常使用的基金评选方式之一。无论使用何种方式挑选基金，投资者应谨记以下两大重点：

第一，使用基金绩效指标及排行榜时，必须与该共同基金的基准投资组合或同类型的基金相互比较，才具有意义。

第二，晨星星等评级或理柏评级，虽然能帮助投资者迅速筛选基金，让人一看到五颗星或"Lipper Leader"标识，便犹如看到官方认可般可靠，但事实上，基金评级并非用于预测基金未来绩效的依据，而是衡量同组别基金过往表现的参考指标。因此，投资者仍应考虑基金特性、基金经理人操作风格及市场环境变化等因素。在层层关卡下筛选出来的基金，才能符合个人的投资需求，构建真正属于投资者自己的"钻石基金组合"。

▶ 切勿盲目迷信基金绩效排行榜

过去常有投资者按照银行"热销基金排行榜"的名次来决定资产配置组合比例及基金申购。卖得最好的基金，投资比重最多，其他配置则照排名依序降低。但事实上，卖得好的基金多半都是银行柜员、客户经理舌灿莲花，加上大力促销的结果，绩效有时反而平平。

除了银行外，有些媒体或基金公司也会提供"基金绩效排行榜"。在挑选基金时，许多个人投资者坚信此类排行榜中第一名基金的绩效。然而，基金绩效排行榜往往有失真之虞。

依照过往经验来看，不论是台股基金还是其他市场基金，鲜有一只称得上"常胜军"。今年绩效最好的前 5 只基金，来年不见得能再次跻身前 5 名。因此，假如投资者每个月都是跟着购买当月第一名的明星基金，等于一直都是只买涨在最高点的价格，很容易就此住进"套房"中。

由于基金难有常胜军，加上基金的绩效排行往往随着市场波动而有很大的变化，更重要的是，排行榜上过去的亮眼表现，并不代表未来趋势或收益保证，因此投资者最好还是回归"基本面"，别再只独钟单一年度的冠军基金，或一味追求排行榜上的明星基金。

正确的做法应该是多比较基金在不同时间的绩效表现。例如，观察 3 个月期绩效的冠军基金，在 6 个月期的表现如何，或是 1 年期、3 年期的中长线表现，甚至是 5 年期、10 年期的长线绩效表现等。毕竟，长期稳健绩效，比得第一名更重要。投资者无须过于追捧单一年度的冠军基金，反而更应重视基金绩效的"续航"能力。

至于该怎么做，建议可从中长期绩效与布局策略来筛选基金，以至少 6 个月、1 年、3 年绩效排名在前 15%～20%为标准。因为基金排名能长期维持在这个区间，代表基金经理人对基本面进行了研究分析，不论多、空都能抓住市场趋势。

除了相信畅销基金外，过度追捧明星经理也可能误踩地雷。由于基金公司人事变动较大，因此多数基金公司每季度都会检视基金经理的绩效表现，如果其表现不佳，很快就会被换掉。如果投资者冲着基金经理的"盛名"而投资某只基金，很可能发生投资没多久，经理人就被换掉的情形。

事实上，基金投资的标的是一篮子股票，绩效来自经理人及其背后研究团队的操盘表现。因此，对市场未来的展望及经理人的投资理念与策略，也都是投资者应纳入考虑的重点。

▷ 善用四大指针衡量基金投资价值

目前，用来评估一只基金是否值得投资的参考指标，最常见的有标准偏差、β 值、夏普指数及特雷诺指数。这些也是用于评估基金风险与回报率的重要指标。

标准偏差

标准偏差用来衡量基金回报率的波动程度，主要是根据基金净值于一段时间内波动的情况所计算而得。标准偏差越大，通常表示净值涨跌越剧烈，波动风险也越大；反之则反。实务上，可进一步运用"单位总风险回报率"（将回报率除以标准偏差）指标衡量投资者每承担一单位风险可得到多少回报。

β 值

β 值用来衡量单一基金相较于整体市场的波动风险。β 值越大，代表风险及获利潜力也越高。由于 β 值与市场大盘同方向连动，β 值大于 1，代表大盘上涨 10%时，该基金上涨幅度会超过 10%。假设 β 值为 2，表示大盘上涨 10%时，该基金上涨幅度会达 20%；

反之，当大盘下跌 10% 时，该基金会跌 20%。一般来
说，若市场大盘 β 值等于 1，则股票型基金的 β 值会
大于 1，而债券型基金的 β 值则小于 1。

夏普指数

夏普指数用来计算投资组合承担每一单位总风险
（标准偏差）所获取的超额回报，也就是投资者每多承
担一单位风险，可获得多少高于无风险回报率（如定
存利率或国库券利率）的回报。假设夏普指数恰好为
零，表示每承担一单位风险所得到的超额回报和银行
定存利率相同。夏普指数越高，代表基金在考虑风险
因素后所获得的超额回报越高，也就是较佳的基金。
一般的风险评估期间，常以 3 年期为标准。

特雷诺指数

特雷诺指数用来衡量每一单位系统风险（β 值）
所得到的超额回报。因为其只考虑系统风险，所以适
合用来评估已分散风险的投资组合。特雷诺指数越
高，代表投资组合绩效越好。通常在评估的投资组合

只占投资者庞大投资组合的一小部分的情况下，其更适合使用。

投资者在使用前述这些参考指标时，记得要与同类型基金做比较，结果才会准确。

▶ 依循 4433 法则挑选钻石基金

如何在众多基金中挑选出会赚钱的"钻石基金"？由中国台湾大学财务金融系教授邱显比和李存修所提出的"4433 法则"，可谓既简单又好用的方法。

所谓"4433 法则"，是将同类型基金的绩效拿来做比较。第一位"4"，指一只基金的 1 年期回报率可排名在同类型基金的"前 1/4"。第二位"4"，指该只基金的 2 年、3 年、5 年期回报率也排在同类型基金的"前 1/4"。第三位"3"，指该只基金的近 6 个月回报率排在同类型基金的"前 1/3"。第四位"3"，指该只基金的近 3 个月回报率排在同类型基金的"前 1/3"。一只基金若符合 4433 法则，就是较值得信赖的优质基金。

根据 4433 法则，当一只基金的短、中、长期绩效与同类型基金相比，都能维持在前 25%、前 33%的话，表示该只基金绩效良好稳健，未来持续创造稳定回报的概率较高。但要记得，在使用 4433 法则来评估一只基金的短、中、长期绩效时，至少要观察两年，结果才会比较准确。

另外，投资者对已经持有的基金，也可以利用 4433 法则来追踪其近期表现是否稳定。由于 4433 法则不仅观察基金过去的中长期绩效，也检视该基金在近 3 个月、6 个月内的短期表现，因此，如果有一只基金在过去表现良好，但近 3 个月或近半年表现均下滑，在 4433 法则的排名中将落入后段。此时，投资者应留意基本面的趋势、基金经理人的操作策略等是否有所改变，提高警惕以降低风险。

换句话说，4433 法则不但可以用来挑选优质基金，还能作为监控机制，让投资者提早注意已持有的基金是否要放入"警示名单"中。因此，不论是短线投资还是中长期布局，聪明的投资者都可以运用 4433 法则做出排行榜，借此找出真正会帮自己赚钱的"钻石基金"。

理财小叮咛

　　基金的成立时间、规模、团队成员组成、年化复合回报率等，也都是投资者在挑选基金时要考虑的因素。首先，基金的成立时间不宜太短，否则无历史绩效可参考。更何况新基金募集时，往往是市场过热之时，投资者选择在此时进场，很容易被套在高点。

　　其次，基金规模不宜太小，否则"子弹"不足，容易被其他基金并掉；但基金规模也不宜太大，规模太大会让基金经理人在操作上不灵活或难以布局，使得基金绩效受影响。再次，选择的基金公司应该是重团队、轻个人，而且最好要有国际研究团队或顾问，这有益于提升整体绩效。最后，若以年化复合回报率来评估，贝莱德环球资产配置基金、富兰克林坦伯顿成长基金，都是长期获利稳定的优质基金，适合定期定额投资。

第 **8** 章

资产配置的重要性与方法

8-1 资产配置的核心价值

投资者如果无法精准掌握市场动态，那么最安稳的做法是先建立资产的核心配置，先求保本，再求获利。此外，投资产品的风险管控也是决定理财成功与否的关键。

所谓资产配置，是指投资者根据自身情况、投资标的及可承受风险的能力，在不同的时点上，将资产依比例配置在不同的金融工具上，例如现金、定存、股票、债券及房地产等，以降低资产组合的投资风险，获取最优回报。

资产配置的重点在于全盘性与长期性，所以必须先拟定大方向与总体目标。以现在人们关心的退休金规划为例，投资者应先设定好理财目标，再做资产配置。例如，设定退休后每月有 5 万元的现金收入，这代表已确定好理财目标，接下来是盘点现有的资金，然后寻找适当的投资工具进行投资，帮助自己达成退休后月入 5 万元的目标。

资产配置需要重点考虑的因素,除了投资者的年龄外,还有家庭责任状况、根据人生不同阶段设定的理财目标、投资计划的时间,以及风险管控。以普通人常见的家庭责任状况来说,其优先级顺序通常是子女教育金、长期看护与医疗基金、退休金等。毕竟人在不同人生阶段对金钱的需求会不一样,所以投资者要根据不同的家庭责任和人生阶段,来设定具体的理财目标。

在进行资产配置时,我们须留意风险管控的重要性。风险可分为两种:广义的是人生风险无处不在,狭义的则指投资风险。无论哪一种风险,当其发生时,我们都要确保手上有足够的金钱能弥补所受的经济损失。因此,所有投资理财和资产配置的起点,都要先从风险角度出发,先求不伤本金,再去追求获利。

▶ 投资组合回报率取决于资产配置

资产配置重视的是中长期稳健获利的价值,短期选股或择时都只是一时的获利。美国三位学者布林森

（Gary P. Brinson）、辛格（Brian D. Singer）及比鲍尔（Gilbert L. Beebower）针对 91 只大型退休基金进行实证研究指出，影响长期回报的因素中，完善的资产配置占了 91.50%，选股仅占 4.60%（见图 8-1）。由此可见，中长期稳健获利的关键是多元资产配置。做好投资组合中股票、债券及现金的分配比重，远比个股挑选或预测市场进出点来得重要。

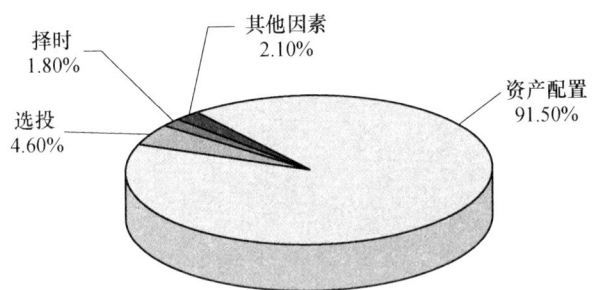

图 8-1　资产配置决定投资组合回报

资料来源：布林森，辛格，比鲍尔. 投资组合绩效的决定性因素Ⅱ：更新版. 金融分析师杂志，1991（5/6）.

资产配置可决定投资回报的结果，其核心理念是"现代投资组合理论"（Modern Portfolio Theory，简写为 MPT），由芝加哥大学经济系教授马科维茨于 1952 年首次提出。这个理论也让他在 1990 年荣获诺贝尔经济学奖。根据马科维茨的研究，理性投资者可通过分散投资来优化投资组合，在等值回报率下，多元化的投资策略可有效降低风险。

除了分散投资外，把投资时间拉长，也是影响中长期稳健获利的关键因素。一般来说，资产配置通常是为期 10 年以上的计划。对于资产配置的投资绩效，投资者应至少每 3 个月、半年或 1 年检视一次，并定期做适当调整，包括投资标的及其比重。

以我的客户在台湾购买某家保险公司变额年金险为例，自 2007 年 5 月 30 日开始以定期定额的方式投资，每月固定扣款 2 万元。截至 2017 年 5 月底，等于投资了 10 年，其间虽然历经 2008 年全球金融海啸、2009 年欧债危机，但因定期进行适当调整，最后结算下来，平均年化回报率为 3%～4%。目前，每年都能稳健获利 3%～5%，而且长达 10 年皆如此，实属难能可贵。

▶ 建立股债比例：资产配置的第一步

资产配置是投资者通过不同投资工具来建立投资组合计划。基本上，投资工具可分为五大类：股票、债券、现金、商品及不动产。这五大类投资工具相关性低、异质化高，在历史上很少出现齐涨齐跌的现象。因此，只要长期且分散投资，便能降低整体投资组合的波动风险，使资产稳健成长。

有人提出这五大类投资工具中，股票、债券、商品、不动产及现金可依"43111"的比例来长期配置。然而，投资不动产，有地段选择和流动性较差等问题，所以一般人配置的重点仍应以股票、债券为主。

建立股债比例，是资产配置的第一步。所谓股债比例，也就是设定积极型投资工具（如股票）与固定收益型工具（如债券、基金、国库券）的比例。但近来，中国台湾股王大立光（3008）股价不断创新高，不只是贵，而且根本买不到；而以美元计价的海外公司债券，投资门槛也很高，至少要10万美元起。这种情况下普通投资者该如何建立股债比例？其实，只要购买含有大立光的股票型基金，或美元计价的债券型基金，也相当于间接投资大立光及国外债券。

现金是一种无风险资产，不易受到系统性风险的影响。为维持生活基本开销，适度持有现金资产，有其必要性。不过，有的人抱持现金为王的理念，将所有储蓄只放在活期存款或定期存款，结果投资回报率过低，又不能抗通货膨胀，等于实际购买力受损。因此，现金不宜持有太多，以免影响长期回报。

▶ 决定投资标的、区域及币别：资产配置的第二步

建立股债比例后，接下来是决定投资标的、投资区域，以及计价币别。投资标的包括股票、债券、能源、原材料、贵金属等，投资标的的投资区域可分为全球、区域、单一市场或国家，常见的计价币别有美元、欧元等。

妥善配置资产后，必须定期进行资产再平衡。如此有纪律的操作方式，虽然无法立即赚到绝对回报，却能稳健地赚到相对回报，确保一辈子的投资理财之路走得安安稳稳、长长久久，达成"要用钱时就有钱

用"的理财最佳境界，富足过一生。

理财小叮咛

　　一般人做资产配置时，最常见的误区是以为资产配置要随时随地进行调整。事实上，设定理财目标并做好资产配置后，接下来只需根据市场变动来做微调或适当调整。如果要大幅度调整投资组合，反而应该先回归规划初衷，也就是当初为何要设定这个理财目标、为何要做这样的资产安排与配置，而非一直试图转换投资工具。

　　另一个对资产配置的误解是，很多人误以为自己买了十几只基金，就是资产配置或分散投资。其实，这顶多是乱枪打鸟而已。如果仔细观察，可以发现这十几只基金可能全部押在同一种标的上，例如只买科技股，或九成以上都是买股票型基金，或押注单一国家如日本等，或只投资金砖国家之类的新兴市场。

　　另外，愿不愿意接受中长期投资，也会影响到资产配置的功效。许多人买基金时最常犯的错误，就是把基金当作股票进行投资，以为买基金后只要放 7~8 个月，就算是中长期投资。其实，基金主要获利来源在于长期复利的效果，如果投资基金时喜欢短线进出，不仅失去复利的机会，更徒增手续费和管理费的成本，反而得不偿失。

8-2 攻守俱佳的"向日葵投资法"

既然资产配置是决定中长期稳健获利的关键，那么该如何确保获利丰厚呢？最简单的做法是采取"向日葵投资法"：先依个人可承受风险的高低，将投入资金以不同比例区分为稳健的核心资产和积极的卫星资产。

接着，在投资期间，当卫星资产的投资回报率达到预先设定的获利点时，即将部分获利结算，并转投核心资产，以扩大核心资产的规模，使投资组合的整体回报率能够稳定且持续成长。

▶ 核心资产＋卫星资产＝向日葵投资法

向日葵投资法又称"卫星法"，堪称投资学上历久不衰的操作策略之一。有趣的是，金黄耀眼的向日葵，向来予人温暖乐观、充满活力与干劲的印象，为何会与锱铢必较、充满风险的投资产生关联呢？其实，向日葵的花朵构造和生长特性，与投资原理有异曲同工之妙。

所谓向日葵投资法，意指资产组合的配置犹如向日葵的花心及花瓣，花心为核心资产，花瓣则是卫星资产。从花朵外观来看，花心占了向日葵花朵的主要部分，花瓣仅占一小部分。将花心大、花瓣小的概念应用于资产配置上，意即核心资产在整体资产组合中应占较高的比重，至少应占总资产的五成以上，甚至更高；卫星资产的比重则较低，可占总资产的一至五成，并视个人风险偏好、风险承受能力而定。

投资时，宜先求核心资产的稳健获利，再辅以卫星资产，以强化投资收益。核心资产需长期持有，以兼具保本和获取资本增值为目的，因此，选择的投资工具必须具有长期绩效稳健成长、风险及波动率相对较低等特性，例如绩优股、全球股票型基金、成熟市场股票型基金、债券型基金等。

卫星资产则属于中短期投资，可选择高风险、高回报的投资工具，像业绩爆发力较强的电子股、具短线投资题材的概念股，以及适合短期波段操作的新兴市场基金或单一国家基金或产业型基金等，再通过灵活的操作手法，搭配止损点、止盈点设置，以获取超额回报。

由于卫星资产的机动性较高，可视市场时机波段操作，或视个人风险偏好及可投入时间长短来配置，因此这部分投资即使出现亏损，也不至于动摇整体资产组合的根本。

除了特大的花心，加上向外放射的花瓣外，向日葵还有喜欢"向着太阳转动"的生长特性，不仅象征积极、正面的人生态度，更传达出"希望无所不在"的含义。将此延伸至投资理财上，每个人的投资历程难免会遇到高低潮，当乌云密布时，即使向日葵也失去了方向，但我们仍然要一心向着理财目标，依原先规划的投资策略而稳健迈进，相信终有一日可以看见温暖的阳光。

▶ 进可攻、退可守的投资组合

在当今投资环境快速变动下，向日葵投资法可以充分发挥资产配置及分散风险的效果，协助投资者通过层层缜密布局，打造攻守兼备的投资组合，轻松应对金融市场的各种大风大浪。

事实上，向日葵投资法非常适合以下5种投资族群：第一是没时间看盘的上班族；第二是薪资不高且收入来源固定的年轻人；第三是每月要缴房贷、车贷且风险承受能力有限的"三明治世代"；第四是容易受他人影响而高买低卖的菜篮族；第五是对于股票技术分析似懂非懂而赚少赔多的股票族。

以设立存钱目标来说，投资者可以善用向日葵投资法，把"资产向日葵"的规模从小慢慢做到大。例如，当市场上涨时，不仅核心资产可带来稳健向上的回报，卫星资产更是成长迅速。此时，投资者不妨提高卫星资产的投资额度，再视市场价值变动，适时将部分获利进行结算，并将获利转投入核心资产中，让小花变成更大朵的向日葵，以加快个人资产规模的成长速度。

相反地，遇到市场下跌时，只要核心资产与卫星资产的比重、投资工具配置得当，加上投资工具彼此之间风险关联性较小，形成"进可攻、退可守"的投资组合，那么我们就可确保投资的稳定性和长期收益，熬过凛冽的市场寒冬。

▶ 核心、卫星资产比重应定期调整

不过，值得注意的是，核心资产和卫星资产比重的配置，最好随着年纪增长而进行调整。年轻时，花心可以小一点，花瓣大一点。当年纪渐长后，就要把花瓣里的资金慢慢移往花心，让花心变大、花瓣变小，确保资产的安全性。毕竟，如果没有了花心，即使再多的花瓣，向日葵也无法自行生存。

除了需要定期检视核心资产及卫星资产的绩效表

现，主动汰弱换强外，投资者还要注重回报率的高低，而且要注意投资组合的风险是否符合自身的风险承受能力。如果为了追求高回报而承担过高的风险，或是投资回报率过低而使人迟迟无法扩大资产规模，最终都会导致资产配置无法持之以恒。因此，采用向日葵投资法来进行资产配置的人，在以时间换取回报的情况下，应时刻提醒自己要持之以恒，这才是最重要的课题。

▶ 整体财富增长比单一股票获利更重要

很多人以为有钱人都是大胆投资的，其实有钱人的资产配置可能比你想象的更为保守。根据我多年的观察，富豪与一般人管理资产的最大不同之处在于：富豪懂得善用资产配置，并设定严谨的投资计划与策略，选择期限较长的投资工具，然后一步步达成理财目标。

坦白说，富豪管理资产的想法很简单。他们大多希望守住现有财富，每年只要多赚一点点，使资产能稳健成长即可；即使当市场出现震荡时，他们的个人资产也不会随之高度波动。因此，有钱人更关注资产配置及分散风险的重要性，在投资过程中必须通过资产配置来分散或降低风险，同时也提升整体投资组合的未来回报率。

以长期投资的角度而言，有钱人在追求总回报时，并不要求投资一年就要马上赚进 10%以上的回报，而是采取 3～5 年检视一次投资绩效。长期投资和经营事业一样，必须事前做好详尽的研究与规划，一旦选定后，要有纪律地持续下去，才能发挥长期投资的效果，提高财富增值的概率。

因此，采用向日葵投资法，主要是看整体投资组合的投资回报率，也就是只要投资组合赚钱即可。以我的客户为例，在过去 10 年的投资中，尽管历经 2008 年全球金融海啸、2009 年欧债危机，但其投资组合的平均年化回报率仍有 3%～4%。根据统计，从 2000 年网络泡沫迄今，平均年化回报率也还是有 3.71%。

由此可见，投资须看整体绩效的成长率，以及整体财富或资产有无增值，而不是单看某一只股票或基金的投资回报率高低。毕竟，对务实的有钱人来说，经常赚钱比只赚一次大钱更重要。

8-3 资产配置工具与实战心法

以向日葵投资法进行资产配置，目的不在于追求资产的最大化，而是希望将整体投资组合的波动风险降至最低。因此，核心资产与卫星资产的比例该如何分配、应如何挑选适当的投资工具，以及个人风险承受能力、可投资时间长短、资金规模和布局等，都是投资者需要关心与注意的重点。

原则上，核心资产的布局应以风险较低、固定收益类产品为主，例如长期绩效稳健的绩优股、债券型基金、ETF、部分共同基金或定存等。属于花瓣的卫星资产，布局上则可以挑选风险较高、回报率较高的积极型产品，比如股票、股票型基金、期货或期权等。

投资者应谨记，唯有通过不同投资工具的配置，来建立整体投资组合计划并实施，在追求回报之际，也严控投资风险，才能逐步实现自己设定的理财目标。

▶ 核心资产工具：首重固定收益

由于核心资产犹如蛋黄，必须厚实以免破裂，因此核心资产的投资工具，应以能带来固定收益与派息的产品为佳，如国库券、债券、债券型基金、ETF，另外可加上一部分共同基金、定存等。

国库券

在资本市场上，世界各国通常都是以政府公债或国库券的利率作为无风险利率的标准，因为政府公债或国库券的风险几近于零。尤其是世界主要发达经济体，其政府公债或国库券的风险一般都被视为零。

所谓无风险利率，指的是将资金投资于某一项没有任何风险的投资标的而能得到的利息率。这是一种投资收益的理想状况，毕竟并非每个国家的公债都是完全无风险的。举例来说，美国 1 个月期国库券（也就是短期政府公债）的利率，通常被公认为市场无风险利率，这是因为美国政府的公信力获得市场的认可，不会出现违约的情况。然而，津巴布韦、希腊等国家所发行的国债，即使溢价，也不见得有投资者敢买。

债券

投资债券，最大的风险是一旦债券发行机构发生违约情况，可能导致本金及利息无法获得偿付，因此事前充分了解发债机构的信用评级很重要。债券信用评级越高，表示债券违约概率越低；反之，评级越低，违约概率越高，发债机构必须提供较高的收益率，以吸引投资者认购。

目前，世界三大信用评级机构为：穆迪（Moody's Corp.）、标准普尔（Standard & Poor's）、惠誉国际（Fitch Ratings）。它们主要针对企业或经济体的偿债能力进行评级，所发布的数据通常颇具参考价值，尤其受到投资机构的重视。三大信用评级机构评级代表意义如表 8-1 所示。

表 8-1　三大信用评级机构评级代表意义

债券类别	穆迪	标准普尔	惠誉国际	代表意义
可投资等级债券	Aaa	AAA	AAA	质量极佳
	Aa	AA	AA	品质佳
	A	A	A	质量优于平均
	Baa	BBB	BBB	品质中等
高收益债券	Ba	BB	BB	有些投机成分
	B	B	B	投机质量
	Caa	CCC	CCC	品质不佳
	Ca	CC	CC	高度投机质量
	C	C	C	接近违约质量
	—	D	D	倒账等级

资料来源：穆迪、标准普尔、惠誉国际。

债券型基金

　　若要保本保息，投资者可考虑信用评级在 BBB（含）以上的债券，也就是可投资等级债券，并以 5～7 年期债券为优先选择。中国台湾债券市场上，台积电等企业本身信用评级较佳的公司债，一般被公认为可保本保息的投资工具。不过，海外债券如英国汇丰银行（HSBC Bank）的公司债，尽管信用评级佳，但投资门槛至少 10 万美元起，个人投资者很难直接购买，这时可以通过债券型基金来投资。

债券型基金中，高收益债券（或称垃圾债券）指未经信用评级，或信用评级未达 BBB 等级的经济体或企业所发行的债券。高收益债券可能面临的主要风险，包括企业倒闭或违约概率高、债券发行者可能被降级、通胀及利率上升、全球经济突然发生流动性风险等。

ETF

ETF 即"交易型开放式指数基金"，顾名思义，就是通过购买指数成分股，追踪指数回报率的基金。由于每一只 ETF 至少由数十只股票组成，不仅具有分散风险的好处，交易成本更比一般的基金及个股低。一般买卖股票的交易税是 0.3%，ETF 却只要 0.1%，而且交易方式与个股一样，可融资融券。

基本上，投资者只需追踪整体经济趋势及判断大盘多、空方向，而无须深入研究每家公司的基本面、技术面等，即可交易 ETF，可省下不少时间和心力。因此,ETF 很适合一般人作为资产配置的核心投资工具。

台股最具代表性的两只 ETF 是元大台湾卓越 50（代号 0050，简称为元大台湾 50）和元大台湾高股息（代号 0056，简称元大高股息），都是购买一篮子的股票，可大幅降低投资者踩到地雷股的风险。

元大台湾 50 涵盖台湾证券市场中市值最大的前 50 家上市公司，代表蓝筹股的绩效表现，其股价与大盘走势亦步亦趋，投资者无须自己选股，省时省力。元大高股息以台湾 50 指数与台湾中型 100 指数共 150 只成分股作为采样主体，然后从中挑选未来一年预测现金股利收益率最高的 30 只股票作为成分股，再以现金股利收益率加权，凸显长期稳定配息公司的绩效表现。

若要投资中国大陆股市，可选择在台湾挂牌的大陆股市 ETF，投资的交易所以上海与深圳证券交易所为主。以上海证券交易所为例，主要追踪上证 180 指数、上证 50 指数，前者从上海证券交易所选出具代表性的 180 只 A 股股票为标的，此 180 只成分股占总市值的 80%，可充分反映上海证券交易所的市场情况。

后者从上海证券交易所选取最具有市场影响力的 50
只股票，代表龙头企业的绩效表现。

共同基金

　　共同基金是很多投资者耳熟能详的理财产品。但
值得注意的是，基金并非保本的投资工具，即使购买
基金，也应先做好核心基金与卫星基金的配置。若为
了存退休金之用，以核心基金来说，可考虑以人生不
同阶段为主题的人生周期基金。

　　所谓人生周期基金，又称生命周期基金（Lifecycle
Funds），强调长期投资与资产配置概念，还可再细分
为目标日期基金（Target Date Funds）及目标风险基金
（Target Risk Funds）。

　　目标日期基金通常设计不同的到期年限，有 5 年
到 15 年不等，逐年调整股票、债券、固定收益类证券
及现金的比例，越接近到期年限，固定收益类产品的
比重越高。投资者可选择与自己投资期限接近的目标
日期基金，投资比例交由专业经理人灵活配置，在一
定时间内调整股债投资比重，以追求稳定获利。

至于目标风险基金，在设计之初，已按成长、稳健、保守等属性，确定股票、债券及其他固定收益类证券的投资比例，比如股债比为 7∶3，或是 6∶4。由于投资比重不易变动，投资者应自行衡量风险承受能力，选择适合自己的基金。

原则上，挑选核心基金，应符合长期投资、获利稳健、风险波动小三大标准。因此，除了生命周期基金外，全球股票型或区域股票型基金、平衡型基金、收益型基金等，也可作为核心资产配置的选项。

定存

定存虽然保本保息，却无法抗通胀。从历史经验来看，通货膨胀的概率要大于通货紧缩。当前中国台湾地区通胀率约为 1.8%～2%，但台湾银行目前 1 年期定期存款固定利率仅为 1.07%，加上金融监管机构于 2017 年 10 月公布的统计数据，台湾银行"滥头寸"高达 10 万亿元，为史上头一遭。如今对银行来说，利息是成本负担，以至于部分银行已传出拒收大额存款的消息。

因此，在核心资产的配置中，建议定存（含外币定存）占 3%～5%，其余以定存概念股如台积电，元大台湾 50 这样的 ETF 以及债券型基金等为主，全部基金只数以 5 只为宜。

▶ 卫星资产工具：提高投资回报率

卫星资产以投资时间较短、风险较高、回报率较高的投资工具为主，包括股票、股票型基金、期权、期货等。如果想把卫星资产的期望回报率设定得更高一点，那么核心资产的类别最好规划得更保守一点。核心资产与卫星资产的比较如表 8-2 所示。

表 8-2　核心资产与卫星资产比较

	核心资产	卫星资产
波动风险	较低	较高
投资回报	相对固定而稳健	较高
投资时间	较长	较短
投资工具	公司债、国库券、ETF、债券型基金、部分共同基金、定存	股票、股票型基金、期权、期货

期权、期货属于高风险、高杠杆的投资产品，在卫星资产中的占比不宜超过 10%。值得注意的是，在投资时，千万不要当期权卖方，尤其是用裸卖的投资策略，以免踏上破产的不归路。

▶ 随年龄调整资产配置的投资比重

资产配置强调的是将资金依不同比例分散于各种投资工具上，从而降低整体投资组合的波动风险，以期获得资产的稳健成长。投资者若不知该如何分配核心资产及卫星资产的比重，最简单的方法是用 100 减去自己当前的年龄，得出的就是卫星资产的占比。比如，40 岁的投资者，其核心资产应占总资产的 40%，卫星资产则占 60%，他们可以接受较高比重的高风险性资产；若是 70 岁的投资者，其核心资产应占 70%，卫星资产则占 30%甚至更低一点，以便稳稳守住财富，使老后生活无忧。

从资产配置的基本原则可知，核心资产与卫星资产的配置，以及股债的投资比重，都应随着年龄增长而调整。当年纪越大时，核心资产的部分也应越大。

金融市场瞬息万变，构建好整体投资组合后，仍须定期进行资产再平衡，包括适时调整股债比例、投资标的、币别等，以管控整体投资组合的风险，提高资产回报率，确保理财目标能早日实现。

理财小叮咛

投资时间的长或短，要视投资的目标而定。如果目标是 2~3 个月内就要投资变现，这样根本无法做资产配置。基本上，短期投资的定义为 1 年，中期投资是 3~5 年，长期投资是 5 年甚至 10 年以上。想要追求中长期稳健获利，就必须把投资时间拉长。这种投资方式虽然无法立即赚到大钱，但可取得细水长流、源源不断的收益，就像以密集安打创造出大胜局，比只击出一次全垒打来得更好。

第 **9** 章

自我投资与专注核心事业

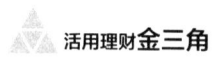

9-1 投资自己是最好的投资

　　我们从刚进入社会的新人开始，一直到经验丰富的主管，最后走进乐活美好的退休生活，在人生的每一个阶段，理财规划的重点都不尽相同。然而，投资难免有赚有赔，唯有投资自己稳赚不赔，尤其对年轻人来说更是如此。

　　股神巴菲特受访时曾说过，人生中没有哪一项投资会比"投资自己"更划算，既不用缴税，也不受通货膨胀的影响。诺贝尔化学奖得主李远哲在公开演讲时也说，学一技之长，要走一辈子或走遍天下，这样的观念现在已经落伍；在这个日新月异的时代，你必须拥有不断学习新事物的能力。

　　进入职场工作之后，再也没有父母、师长在一旁叮咛或要求，你必须更主动地学习、主动自我要求，并不断投资自己，才有机会改变自己的人生，闯出一番天地。

在漫长的职业生涯中，每个人都应"定期定额"投资自己的专长和兴趣，并打造"职涯资产"的金三角：**专业能力、工作经验及人脉**。只要能将时间及金钱投注在建构自身的能力上，加上每天进步一点点，日积月累下来，相信你有朝一日必能登上巅峰！

▶ 投资自己还是积累资产

投资自己和积累资产，到底哪一个比较重要？答案是都重要。但若要论及孰先孰后，以年轻人来说，应以投资自己为优先。

对于刚踏入职场的新人而言，具备理财的观念和方法固然重要，但是优先加强自己在工作上的专业能力更重要，因为唯有如此才能快速提升个人收入，让自己的月收入从几千元提高到两三万元。这对于一个人将来通过投资来增加资产，会产生事半功倍的效果。

想要脱离终身朝九晚五的困境，投资自己是一种有高回报率的做法。

80 多岁的巴菲特在年纪很轻时就开始投资，如今纵横股海已逾 70 年，靠着投资股票赚取财富，个人身家突破 900 亿美元。

但在巴菲特的无数投资中，他认为只有一项投资可以取代所有其他投资，那就是"投资自己"。"投资自己"赚更多！因为没有人可以夺走一个人内在的东西，况且每个人都还有尚未充分开发及利用的潜能，所以"投资自己"是每个人所能做的最好的投资，完全不会被偷走或课税，就连通货膨胀也不会"吃掉你的能力"。

可别看巴菲特如今能在公开场合侃侃而谈，其实他也曾经有弱点。年轻时的巴菲特非常害怕公开演讲，一上台就会浑身不舒服，甚至想吐。为了克服此弱点，他决定花 100 美元报名参加卡内基课程。经过训练，巴菲特的演讲能力大幅提升，不仅造就了今天的巴菲特，也让他追求到第一任妻子苏珊（Susan Thompson Buffett）。因此，口语表达训练，是巴菲特早年对自己的一项重要投资。

巴菲特受访时曾鼓励大家，不管你的弱点是什么，迎面痛击它，现在就去做。不论你想要多学点什么知识，今天就开始，千万别拖到老年时才动手。无论是培养良好的习惯还是保持身体健康，巴菲特相信："最好的投资就是投资自己。"每天晚上睡前一定要比今天醒来的时候懂得更多。毕竟，人的一生是否有价值，不在于口袋里的钱有多少，而是你从生活中获得多少乐趣。所以只有做自己喜欢的事，才能真正发挥天赋，投资自己的专长和兴趣是所有投资项目中回报率最高的投资。

▶ 学习不能只限于工作领域

进行自我投资时也要规划目标，否则盲目学了很多不实用、无意义的东西，也是一种投资失败。

该如何投资自己呢？若以职涯资产的金三角来看，专业能力、工作经验及人脉三者缺一不可。初入职场时，要先积累工作经验。除了努力学习与自己工作有关的专业技能外，还要随时保持危机感，让自己的专业能力与时俱进。工作技能提升有助于个人的薪资增长，可以提高资产积累的速度。相信只要努力，大多数人都能做到这一点。

至于该怎么为"专业能力"账户增加价值,不妨先思考一下未来社会究竟需要哪种人才。由于大环境的变化不仅会影响产业未来的发展,也会带动对各种人才的需求,因此,在学习和自我投资时,除了要考虑个人兴趣、工作岗位需求外,也应该想一想:**拥有什么样的能力,才有助于未来 5 年或 10 年的职业生涯发展**?

毕竟,唯有具备关键能力,才能成为抢手人才。近来,全球知名调研机构高德纳(Gartner)和国际数据信息(IDC)相继发布了未来十大科技趋势预测报告。其中,高德纳提出的十大预测,有六项与人工智能、金融科技相关;国际数据信息则提出了人工智能、智能对象、智能对话、机器学习和预测、无人商店、区块链等趋势预测,也都是与机器人和金融科技相关的领域。

想要进修,增加新的竞争力,不妨从这些趋势中找寻自己感兴趣的方向来学习。尤其是金融从业者,在金融科技的冲击下,当务之急是考取金融专业相关证照,比如 CFA 等。

除了专业知识与工作技能外，我们最好还能积累一些可以"随身带着走"的技能，如沟通能力、团队合作能力、协调能力、企划能力、解决问题的能力、管理能力等。另外，处理挫折及纾解压力的能力也不可或缺，因为我们在工作上难免会遇到关卡，学习如何放下，也是人生中的自我成长。

如何分配时间也很重要。成功人士大多都有阅读的习惯。上班族如果平时工作忙碌，没时间读书，不妨采取"萃取式学习"的方式，借由参加读书会、培训课程提升自我，运用人际关系和社群的力量，彼此教学相长。

不过，学习不能只限于和工作领域相关的内容，人脉与人际关系也是很重要的资产。通常，一个人在举办活动的过程中，可学到的东西比在课堂上更多，尤其是沟通能力与人际关系处理能力。培养人脉，是一种"养兵千日，用兵一时"的长期工作。人脉积累虽然无法瞬间开花结果，但如果把时间放长远一点，你将能深刻体会到"成功靠人脉，人脉靠真诚"的道理。

我们平时应以培养友谊为出发点，多主动付出、帮助他人，让自己成为别人的贵人。在你的"人脉基础"稳固之后，当某一天机会出现时，相信这些人脉都可以派上用场、发挥作用。

▶ 每天进步 1%，一年后强大 38 倍！

投资自己需要时间成本与金钱成本，虽然无法完全量化，但可通过时间复利的效果，让自己每天持续进步一点点，一年之后就会比现在的自己更优秀。

每天进步 1%的思维，来自日本电子商务龙头乐天的社长三木谷浩史的名言："1.01 的 365 次方是多少？"

答案是 38。这是三木谷社长用来督促自己的公式，意思是只要每天改善 1%，持续 365 天，一年后的自己将强大 38 倍。相反，如果每天都退步 1%，那么自己一年后的实力只剩下当初的 0.03。

由表 9-1 可以看出，"0.01"这个微小数字可以使人每天进步一点点，也可以让人每天退步一点点。因此，投资自己需要时间积累，持之以恒。至于该怎么做，建议根据个人需求与目标设定优先级，安排时间执行。

表 9-1 每天都比前一天进步一点点与退步一点点对比

	进步法则	退步法则
法则	1.01 的法则	0.99 的法则
公式	$1.01^{365} \approx 38$	$0.99^{365} \approx 0.03$
代表含意	每天认真努力,最终将汇集成巨大力量	每天稍微偷懒一下,终究会失去竞争力与实力

投资自己稳赚不赔。好好培养自己,永远不嫌迟,现在就开始做吧!

9-2 聚焦核心事业,你就是品牌

分析判断一家公司的股票是否值得长期持有,除了看经营者是否专注于主营业务之外,其品牌经营策略好坏也是决定公司能否迈向永续发展的关键因素。正是独一无二的品牌魅力,造就苹果、耐克、星巴克、奔驰等企业的成功。

将以上概念转换到个人与职场的关系上来，亦不难发现"个人品牌形象"的重要性正与日俱增。如同企业的市场定位一样，每个人在职场上也都可以找到自己的定位，要聚焦核心事业，打造专属品牌，为自己创造持续的竞争优势。

　　在社交媒体发达的今天，个人品牌形象早已取代履历表。如今，有越来越多的雇主会通过网络搜寻应聘者的背景，或借由脸书、推特、领英等社交平台，进一步了解应聘者在社交媒体上的活动。因此，如果善于经营自己，营销自我，展现个人独特魅力，将会大大有助于我们未来职业生涯之路上得到更多的机会，取得更大的成就。

▶ 专注于提升核心竞争力

　　与上市公司聚焦主营业务经营一样，个人也应专注于自身核心事业的发展。想要成功的人不仅要认清并接受全球化竞争的事实，更要有提升个人竞争力的观念。

　　以个人来说，所谓核心事业，指的就是专业能力。

拥有专业能力，在全球化的知识经济时代，显得格外重要。国际知名趋势大师大前研一曾断言，未来唯一的生存之道就是"专业"。他提出，所谓"专业"必须是不断学习，至死方休，而且是要求自己登峰造极并乐在其中，同时又能在荒野中找到出路，挑战看不见的空间。

换句话说，商场上的专业人才，对于本身技能的磨炼，都是抱持至死方休的决心，并且乐在其中的。而被视为具有专业价值的优秀人才，通常不会有退休的想法，因为且不论他们自己是否想继续工作，一定会有企业或个人希望借助于他们的专业力量的。

想要成为专业人才，大前研一建议，一个人须具备以下 4 种能力：**预测力、构想力、议论力、适应矛盾的能力**。拥有这 4 种专业能力的人，即使面对未来环境快速变化，也能充分发挥实力。在充满变动与未知的世界，唯有不断学习，才能使自己成为顶尖的专业人才。

专注于核心事业发展，有助于提升个人竞争力。其中一个重要的做法是，把自己的天赋、特长当成个人事业的核心能力，并将心力聚焦于不断改善核心能力上，以加强自己的核心竞争力，直到成为该专业领域的佼佼者。

须注意的是，强化核心竞争力，只靠补习英文、学习计算机、进修硕士、考取专业证照还不够，因为专业知识与技能构筑的"硬实力"（Hard Skills），只是职场竞争力的一部分。简单来说，一个人没有专业，不太可能成功，可是除了专业技能之外，成功还需要许多条件的配合——这些条件加总起来，就决定了你的"竞争力"。

因此，想要脱颖而出，"软实力"（Soft Skills）也不可或缺。不论你是研发工程师、业务员还是理财顾问，都应具备上台演讲的能力，懂得如何与团队里的其他成员沟通及合作，在工作上要能创新思考，遇到问题要有分析、归纳与解决的能力，对外部客户要掌握服务的技巧、具备良好的说服力，还要有较强的学习意愿和抗压性，等等。

更重要的是，人在不同的职涯阶段，需要具备不同的竞争力。在 25 岁至 30 岁的事业起步期，核心竞争力在于专业知识与技能；30 岁到 40 岁的事业起飞期，核心竞争力是管理能力；40 岁至 60 岁的事业高峰期，关键竞争力则是策略规划与资源整合能力。在每一个阶段，我们都可以列一张竞争力的清单，随时做好自我盘点，一来补强自己的弱项，二来发挥个人的强项。

▶ 打造个人品牌，传递独特价值

我们在致力于提升个人核心竞争力之际，也应把自己当作品牌来经营；虽然不一定要当第一名，但一定要做值得信赖的人。

究竟什么是个人品牌形象？亚马逊创始人贝佐斯（Jeff Bezos）的诠释最为贴切——所谓个人品牌形象，指的是当你离开房间时，大家怎么谈论你。也就是说，你如何看待自己是一回事，别人怎么认定你又是另外一回事。所以，个人品牌形象要以大家私下对你的评价为准。

基本上，个人品牌形象也就是：别人眼中的你看起来像什么，行为像什么，以及脑海里的想法像什么。

在职场上，每个人都应该建立个人品牌形象，让老板、主管及同事能快速记住自己的特点，进而获得更多向上发展的机会。

在打造个人品牌形象前，你要先决定自己想要成为什么样的人。你想要独善其身，还是乐于助人？想要热情奔放，还是理性睿智？这中间没有好坏对错，也没有孰优孰劣，重点在于"真实"与"真诚"。你必须是真心诚意想要成为这样的人，才能赢得别人的信任。

毕竟，个人品牌形象是一种关系的承诺，需要花时间积累与经营。凡是你在领英、脸书及推特等社交网站上公开分享的信息，或是私底下的为人处世，都要联结到你的个人品牌形象，传达出一致的基调和价值感。

全球知名的大品牌，都传递了专属的意义与独特的价值。例如，苹果等同于精品，微软代表大众化，亚马逊展现创新，迪士尼带来欢乐，耐克形塑专业，等等。

由于品牌等于信用，对个人来说，每一次沟通、交流、合作、交易都代表个人的品牌形象，同时象征信任的价值。当你在学校加入社团活动或在公司参与项目计划，若能让人觉得你的个人品牌形象既专业又值得信赖，那么人们下一次就会继续找你合作，无形中会扩大个人的竞争优势。

如果你未来打算寻求加薪、考虑跳槽或转行，甚至是创业，独特的个人品牌形象更为重要。总之，从现在开始努力经营属于自己的个人品牌，一旦机会上门，便牢牢掌握，成为赢家！

理财小叮咛

若从企业经营的角度来看个人竞争力，可用营收作为检视指标，即每年年薪数额就代表自己的核心事业、工作价值所能创造的营收情况。同样的，营收也可以分为主营业务收入和其他业务收入，前者为上班薪资，后者则指投资理财收益。在主营业务收入方面，若工作四五年后，个人能力已有明显提升，但还是只领不多的薪金，建议通过跳槽、转换职业等来提高薪资成长的机会。

9-3 增进不可取代性，
成为 π 型人才

世界上的任何一种投资，都有一定程度的风险，而有一种投资风险远小于收益，可以让人稳赚不赔，那就是"学习"。可惜的是，许多人的学习只停留在学生时期。事实上，毕业不代表就可以止步不前，当前社会竞争激烈，一旦停止学习，就等于自我淘汰！

社会新人虽然没有多少钱，却拥有一种丰富的可自由支配的资产，那就是"时间"。时间管理类似于资产配置，对年轻人来说，懂得时间管理比学会投资理财更重要。年轻人除了要学会提升工作效率外，还要活用业余时间充实自己，以增进自身的"不可取代性"。

▶ 热爱学习，始终如一

不论是在学校还是在职场，只要我们仔细观察就会发现，唯有找到内在动力、真正感受到学习乐趣的人，才会自动自发地热爱学习，也才能养成终身学习的好习惯。我自己便是如此，即使每天工作忙碌，依然珍惜每一次学习机会，这样的学习态度一路走来始终如一。

▶ 借力使力，学习不费力

学习有很多种方法，在你刚开始学习时，若想获得理想的效果，就要会"借力使力，学习不费力"。这与"三人行，必有我师焉"有异曲同工之妙。每个人都有值得别人学习的优点，经由跨团队学习，吸取更多宝贵的经验，你才能取长补短，让自己更完善。

想要在事业上做出一番成就的人，一定要懂得运用"借力使力，学习不费力"的原则，学习别人如何努力、善用时间的方法，以及学会观察别人如何成功、为何成功。

简单来说，如果你想缩短取得成功的时间，就得学会整合他人的资源，借用他人之手，让自己快速成长。以我自身学英语的经验为例，除了通过参加读书会来练习日常英语会话之外，我也加入相关的国际演讲协会（Toastmasters International），系统地训练英语口语表达能力，逼自己大胆说英语，这比花大量金钱上补习班还要有效。

多去听别人在讲什么，比自己讲什么更好。在信息科技如此发达的今天，到处都有聆听演讲的机会，有些演讲甚至是免费的，值得善加利用。例如，TED（Technology，Entertainment，Design）演讲，一直都是大家最喜爱的影音学习平台，而且其内容范围从科学到情感无所不包。

借由他人演讲来加强自我学习，一开始我们通常是在台下聆听，自己认真做笔记。但只是这样做还不够，还要能够消化整理，在反复练习后，自己上台讲给别人听。唯有上台演讲、分享、授课，才能逼迫自己学以致用、快速成长，这样也才能达到"借力使力，学习不费力"的目的。

▶ 身怀双专长，成为 π 型人才

学习第二专长并不限于工作领域，凡是运动或兴趣爱好，像游泳、插花等，只要能做到专精，都可以成为第二专长。重点在于：你目前需要什么样的能力，就投入尽可能多的时间来学习。

不过，学习也要与时俱进，不能老是关在象牙塔里，尤其是我们身处在全球化竞争的时代，最好随时关注哪些产业和工作在未来可能会消失或衰退。必要时应把自己归零，重新学习再出发。

随着时代快速变迁，人的能力也要多样化。过去，只要找到一种专业领域深入钻研，当个"T型人"，即可在一家公司工作到退休。但如今T型人已经不符合未来需求，你应该至少再多掌握一项立足的能力，成为"π型人"，让自己比别人领先一大步。

π型人的概念，是由日本趋势大师大前研一提出的，指的是具备两项专长，如同希腊字母π。由于π型人拥有两种不同学历、语言、专长或技能，可产生两倍以上的价值，日益成为职场的抢手人才。

π字亦形似日本木屐，所以大前研一又称之为"木屐型人"。一个人同时具备多种跨领域能力，犹如日式木屐有许多根木柱，可为自己做专业支撑，进而在各领域之间游刃有余并发挥所长。长期下来，除了可在不同方面深耕专业之外，木展型人更因多领域历练出独特的视野与观点，能激荡出"一加一大于二"的效果。

第二专长也可以从原有的专业加以延伸、扩展。以我自己为例，我大学学会计，研究生攻读财务金融，后来又从事寿险顾问工作，这些造就了我现在能提供整体财务规划咨询与服务的能力。毕竟，全方位财务规划涵盖储蓄、投资理财、创业、保险、置产、信托、风险评估、退休金规划、遗产及税务规划等诸多方面，要求从业者具备较为综合的能力。

▶ 参加社团，拓展人脉圈

人脉经营也是学习的重要一环。上班族想要建立人脉，不妨多参与社团活动。

有些人不免好奇，在网络社交年代，实体社团还有参加的价值吗？事实上，一些国际性社团的会员多为来自各行各业的成功人士。通过这些社团，你将有机会认识法律、会计、金融、医学、政治等领域的专业人士，而且他们的社会地位可能更高、视野更宽广，所以实体社团仍具有独特的价值。

不过，人脉得要用心经营，在需要时才能派上用场。参加社团需端正心态，首先应抱持分享的态度去交朋友，不要只注重对方的职位。因为头衔只是一时的，而以真诚的态度来经营人际关系，能让彼此互相信赖。

其次，平时应主动伸出援手、帮助他人。当社团其他成员遭遇困难或提出问题时，你若能以自身的专业或技能帮助对方解决工作或生意上的难题，相信对方一定会铭记在心，他日寻求机会回报。借由创造自己可被利用的价值，就像"鱼帮水、水帮鱼"一样，这种双向的人脉关系才能稳固且持久。

最后，对社群名单也需要定期做"断舍离"，可别以为脸书好友或领英的联络人越多，就代表人脉越广。把握值得用心经营的朋友，才能活络有利的人脉网，让真正有利的人脉在需要时派上用场，发挥应有的价值！